Heike Beutel & Antje Zeis-Loi

„FREMD

BIN ICH HIERHER

GEKOMMEN"

Porträts von
jungen Geflüchteten

emons:

Bibliografische Information der Deutschen Nationalbibliothek
Die Deutsche Nationalbibliothek verzeichnet diese Publikation
in der Deutschen Nationalbibliografie; detaillierte bibliografische
Daten sind im Internet über http://dnb.d-nb.de abrufbar.

© Emons Verlag GmbH
Cäcilienstraße 48, 50667 Köln
info@emons-verlag.de
Alle Rechte vorbehalten
© Fotografien: Antje Zeis-Loi
Satz und Gestaltung: Eva Kraskes/Nina Schäfer
Umschlaggestaltung: Nina Schäfer
Druck und Bindung: Books on Demand GmbH, Norderstedt
Printed in Germany
ISBN 978-3-7408-0772-6

Unser Newsletter informiert Sie
regelmäßig über Neues von emons:
Kostenlos bestellen unter
www.emons-verlag.de

Die automatisierte Analyse des Werkes, um daraus Informationen
insbesondere über Muster, Trends und Korrelationen gemäß § 44b UrhG
(»Text und Data Mining«) zu gewinnen, ist untersagt.

VORWORT

Geflüchteten Kindern und Jugendlichen ein Gesicht zu geben ist das Anliegen dieses Buches. Sie sind über komplizierte Wege aus ihrer Heimat geflüchtet. Einige sind mit Verwandten nach Deutschland gekommen, einige haben sich als Jugendliche allein bis nach Deutschland durchgeschlagen. Wer verlässt freiwillig seine Verwandten, Freunde, sein vertrautes Umfeld, seine Kultur, seine Sprache, um sich in ein Land aufzumachen, von dem er nichts weiß – außer, dass es dort keinen Krieg und genug zu essen gibt? Für uns, die wir ohne Krieg aufgewachsen sind, unvorstellbar!

Umso erstaunlicher war für uns, wie schnell sich die Kinder und Jugendlichen hier akklimatisiert haben. Sie begegneten uns mit großer Offenheit. Wir erlebten, wie dankbar sie sind, hier leben zu können. Wie schnell sie die deutsche Sprache erlernten, wie lernbegierig sie in der Schule sind und sich um eine Ausbildung bemühen. Die Mädchen thematisierten auf unterschiedliche Weise, wie froh und glücklich sie sind, hier jeden Beruf erlernen zu können. Alle erkennen und ergreifen die Chancen, die ihnen hier geboten werden. Uns hat die Offenheit, mit der die Kinder und Jugendlichen über ihre Fluchterfahrungen berichtet haben, sehr berührt. Sie wollen beteiligt sein, sich hier artikulieren können, mitreden, mitspielen können. Und sie wollen wertgeschätzt werden.

Dieses Sein im „Hier und Jetzt" möchten wir mit den Porträts und Geschichten für den Betrachter und Leser festhalten und erlebbar machen. Die Kinder und Jugendlichen sind jetzt bei uns. Und sie haben ein Recht auf die Gestaltung ihres Lebens – hier und jetzt.

Heike Beutel und Antje Zeis-Loi

TAGGEDANKEN

Denk ich an Deutschland Tag um Tag,
fällt mir mein Vater ein, der Deutscher war,
obgleich sein Land am Euphrat lag.
Er lernte tausend Wörter Jahr für Jahr.

Denk ich an ihn, dann auch an sie,
an meine Mutter, jenes Flüchtlingskind,
das ach so jung ihr Herz verlieh.
Er blieb ihr treu, wie Ehrenmänner sind.

In mancher Nacht rief ihn die Pflicht,
er eilte zu den Kranken tief im Wald,
ein Feierabend zählte nicht,
kein Frost, kein Winter, der sich an ihn krallt.

Er ging, wo immer einer schrie
vor Schmerz, vor Angst, aus Lebensüberdruss.
Die Zuversicht verließ ihn nie,
nicht, als er ahnte, dass er gehen muss.

Mein Vater starb um zwei Uhr früh.
Er hoffte noch, und Ostern war nicht weit.
Befreit von aller Last und Müh,
ging er erlöst in seine eigne Zeit.

Was ich erzähle, heut und hier,
ist alt, ein altes Lied aus einem Land,
das einmal Mensch war, einmal Tier,
das unterging und wieder auferstand.

Nach Ankunft ist ein jeder fremd
im ersten Augenblick in Mutters Arm.
Am Anfang sind wir ungekämmt
und nackt, und jemand Fremdes hält uns warm.

So einfach geht das alles los,
in diesem Deutschland wie im Rest der Welt.
Erst später ist das Staunen groß,
wenn einer Mörder wird, ein andrer Held.

Wer zu uns kommt, vom Tod gejagt,
wer unser Land umarmt aus purer Not,
wer nach dem Weg im Dunkeln fragt,
dem beizustehn, ist ewiges Gebot.

Und einer wird ein Vater werden,
wie meiner damals, und aus Liebe bleiben.
Sein Dasein wird Geschichte schreiben
im Herzen von uns allen hier auf Erden.

Friedrich Ani

„IN DEUTSCHLAND GEFÄLLT ES MIR GUT, ES GIBT KEINE TERRORISTEN."

Faiza, 11 Jahre alt, Herkunftsland: Irak

Ich lebe seit eineinhalb Jahren in Deutschland. Ich bin mit meiner ganzen Familie hier, nur mein Opa ist schon tot. Ich habe zwei Omas, eine Oma lebt im Irak, eine in Deutschland. Die Oma aus dem Irak will nach Deutschland kommen, kann aber nicht.

Ich erinnere mich an den Irak. Es war da nicht gut wegen der Terroristen. Sie kamen einfach ins Haus. Wir sind weggelaufen als sie gegangen waren. Neun Menschen, die bei uns zu Besuch waren, sind danach verschwunden. Wir wissen nicht, was mit ihnen passiert ist. Daraufhin ist mein Vater zu einem Bekannten gegangen und hat gesagt: Ich will meine Frau und meine Tochter nach Deutschland bringen. So sind wir mit dem Flugzeug nach Deutschland gekommen.

Jetzt gehe ich hier in die Vorbereitungsklasse für Deutsch. Ich weiß aber nicht, wie meine Schule heißt. In Deutschland gefällt es mir gut, es gibt keine Terroristen. Ich habe im Irak in einer schönen Stadt gewohnt. Da scheint fast immer die Sonne, nur manchmal regnet oder schneit es auch.

Ich habe hier in Deutschland schon Freunde gefunden. Alle in meiner Klasse sind mein Freunde. Im Irak war ich nicht immer in der Schule. Nur manchmal, weil die Lehrer einen mit einem Stock schlagen. Ich habe lieber mit meiner Mutter, meiner Oma, meinem Papa oder meinem Onkel zu Hause Schreiben und Lesen gelernt. Wir hatten zu Hause viele Bücher!

„ICH HABE HIER SCHON FREUNDE GEFUNDEN. MIR GEFÄLLT ES GUT HIER."

Sipan, 13 Jahre alt, Herkunftsland: Irak

Ich komme aus dem Irak. Ich erinnere mich an meine Stadt. Dort ist es schön. Ich konnte mit meinen Freundinnen spielen, hatte viele Freunde, ging in die Schule. Dann kamen Terroristen zu uns ins Haus. Meine Eltern sagten, dass sie Menschen töten. Daraufhin haben meine Eltern ein Auto organisiert. Wir sind weggegangen. Wir waren zuerst in der Türkei. Mein Opa, meine Oma, mein Onkel und meine Cousinen sind auch mit nach Deutschland gekommen. 2018 sind wir nach Deutschland gekommen. Die Vorbereitungsklasse habe ich schon abgeschlossen und gehe im Sommer in eine neue Schule. Ich habe hier schon Freunde gefunden. Mir gefällt es gut hier. In der Schule lernen, spielen, sich gegenseitig erzählen. Aber ich vermisse meine Freundinnen und die Sonne.

Wir haben viel gespielt im Irak, nicht so viel gelernt. Waren immer draußen. Meine Familie will auch Deutsch lernen wie ich. In einer Unterkunft hatte ich zwei neue Freunde gefunden. Dann kam ein Mädchen, das meine beste Freundin wurde. Zwei andere wollten mich ausschließen. Meine neue Freundin hielt aber zu mir. Jetzt weiß ich nicht, wo sie ist. Sie ist nicht mehr in der gleichen Unterkunft wie ich. Ich würde sie gern wiedersehen. Meine Hobbies sind Fußball spielen, Ballett und Tanz. Ich liebe Sport.

„ICH ERINNERE MICH NICHT AN DEN IRAK."

Handa, 6 Jahre alt, Herkunftsland: Irak, Schwester von Sipan

Ich erinnere mich nicht an den Irak. Wir hatten nicht das Geld, um meine zweite Schwester mitzunehmen. Sie lebt jetzt bei meinem Onkel im Irak. Sie möchte hierherkommen. Ich bin nicht im Kindergarten, aber ich bin in der Grundschule angemeldet.

    Ich freue mich drauf. Ich habe auch schon Freunde gefunden. Grün ist meine Lieblingsfarbe.

„ICH WÜRDE AUCH GERN MAL WIEDER NACH PALÄSTINA GEHEN, ABER ICH HABE ANGST VOR DEN GEWEHREN."

Nirmeen, 11 Jahre alt, Herkunftsland: Libanon

Ich komme aus Palästina, das ist ein bisschen kaputt, und so gingen wir in den Libanon. Dort erhielten wir Asyl. Aber da waren überall Soldaten. Wir wollten nach Deutschland. Das war eine lange Reise! Zuerst sind wir nach Afrika, dann nach Brasilien, dann nach Bolivien, dann wieder nach Brasilien, danach nach Spanien und dann mit dem Auto nach Deutschland, eine 12 Stunden lange Fahrt. Ein Mann hat uns mit dem Auto nach Deutschland gebracht. Mein Onkel, der schon vor uns in Deutschland war, hat uns die Reise bezahlt. Wir müssen das Geld zurückzahlen. Wir leben jetzt ein Jahr hier. Ich bin in der Vorbereitungsklasse im Schillergymnasium. Da sind lauter Asylanten. Danach kann ich in die deutsche Klasse wechseln. Darüber freu ich mich. Mein Bruder und ich besuchen den Englischunterricht, weil wir im Libanon auch Englisch gelernt haben. Mir gefällt es hier sehr gut. Ich würde auch gern mal wieder nach Palästina gehen, aber ich habe Angst vor den Gewehren.

Wenn ich erwachsen bin, würde ich gern im Libanon als Nachrichtensprecherin arbeiten, aber das geht nicht, weil wir dort Asyl hatten. Im Libanon besuchte ich die 4. Klasse. Meine Mutter hat gesagt, es ist gut, dass wir hier in Deutschland sind. Da kann ich jeden Beruf ergreifen und muss nicht zu Hause sitzen, einkaufen und saubermachen. Wir waren schon in so vielen Ländern.

Köln ist eine schöne Stadt! Wir haben den Rhein und den Dom. Freundinnen habe ich noch nicht so viele gefunden. Ich hätte gern eine deutsche Oma.

„DIE LEHRER HABEN UNS JEDEN TAG GESCHLAGEN, ABER ICH DACHTE MIR, EGAL, ICH WILL WEITERLERNEN."

Ahmad, 11 Jahre alt, Herkunftsland: Libanon, Zwillingsbruder von Nirmeen

Im Libanon konnte mein Vater nicht mehr arbeiten. Er sagte zu uns, ihr seid noch klein, wir gehen nach Deutschland, dort könnt ihr noch mehr lernen und später arbeiten. Ich war Klassenbester im Libanon!

Die Lehrer haben uns jeden Tag geschlagen, aber ich dachte mir, egal, ich will weiterlernen. Meine Eltern kamen immer zur Schule und haben sich wegen der Schläge beschwert. Die Lehrer haben aber weiter geschlagen. Mein Papa hat sich weiter beschwert. Ich habe aber trotzdem mit dem Lineal auf den Kopf geschlagen bekommen. Ich will hier weiterlernen. Meine Eltern können hier noch nicht arbeiten. Im Libanon hat mein Vater etwas mit Metalltoren gearbeitet. Meine Freunde, mein gutes Zeugnis vermisse ich hier. Sonst gefällt es mir.

„HIER GEFÄLLT MIR, DASS WIR MEINEN VATER WIEDERGEFUNDEN HABEN."

Ayad, 8 Jahre alt, Herkunftsland: Irak

Wir sind eineinhalb Jahre hier in Deutschland. Ich bin in der Grundschule. Ich spiele Fußball. Mein bester Freud ist Mohamed, wir spielen Verstecken und Fangen. Hier gefällt mir, dass wir meinen Vater wiedergefunden haben. Er war schon vor uns hier. Meine Oma war sogar schon früher hier. Er hat uns den Flug bezahlt und uns hierhergeholt, meine Mutter, meine Schwester und mich. In den Ferien bin ich bei meiner Oma und spiele mit ihr Uno. Ich habe auch deutsche Freunde. Ich kann Handstand. Ich mache gern Mathe und Deutsch.

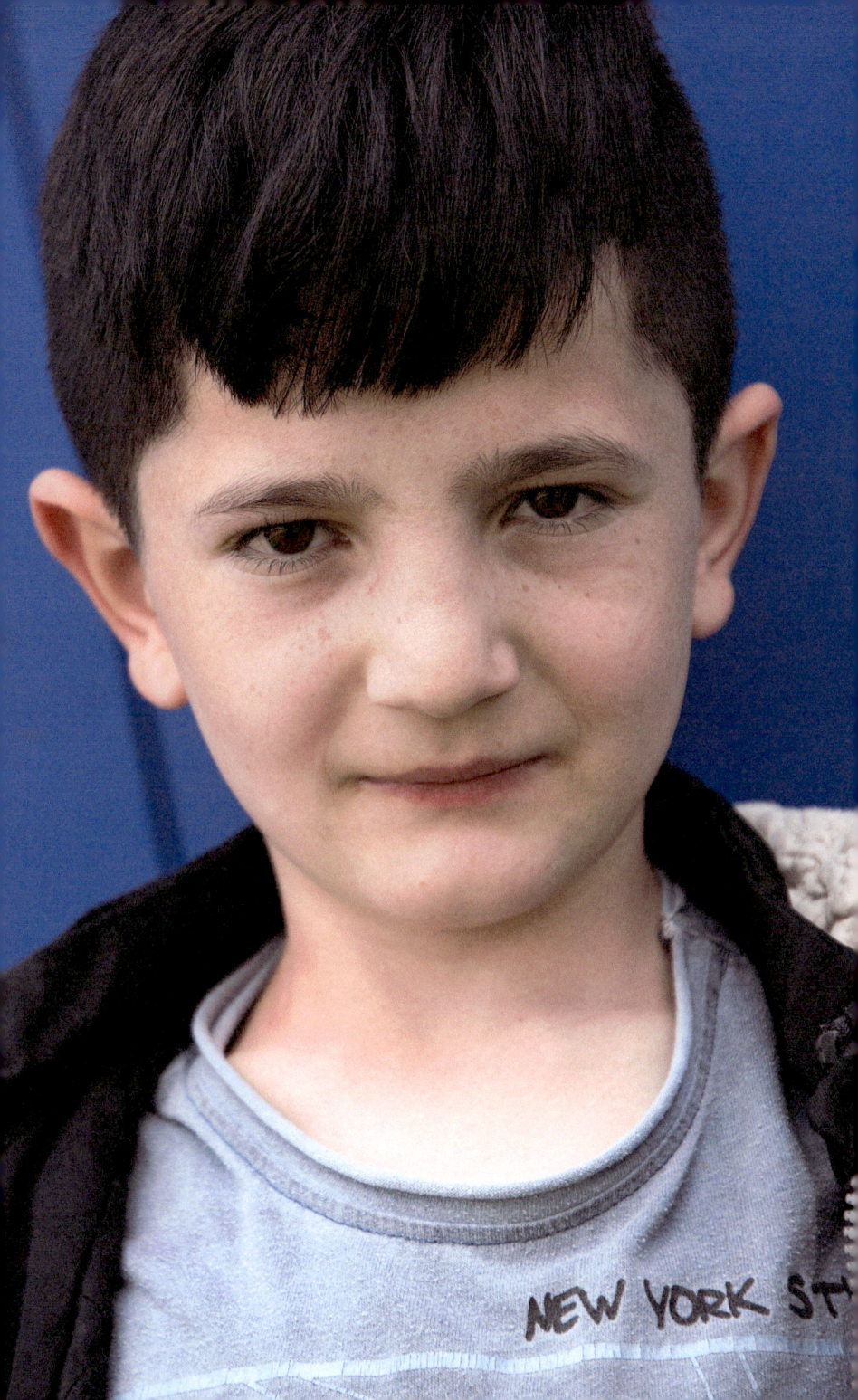

„IN GRIECHENLAND HABEN WIR NUR EINE BROTSCHEIBE AM TAG ZU ESSEN BEKOMMEN."

Malo, 9 Jahre alt, Herkunftsland: Irak,
Bruder von Ayad

Ich bin in der gleichen Schule wie mein Bruder. Ich habe Freunde, wir spielen Fußball. Wir haben noch Freunde im Irak und mein Onkel und Bruder sind dort, aber wir wissen nicht, wo sie jetzt sind. Sie sind von Terroristen gefangen genommen worden. Mein Onkel hat uns mit dem Auto weggebracht, später mit dem Traktor. Wir sind ganz weit weg gegangen. Mein Vater hat uns Geld geschickt, wir sind dann über Griechenland nach Deutschland gekommen. In Griechenland haben wir nur eine Brotscheibe am Tag zu essen bekommen. Gut, dass wir jetzt in Deutschland sind.

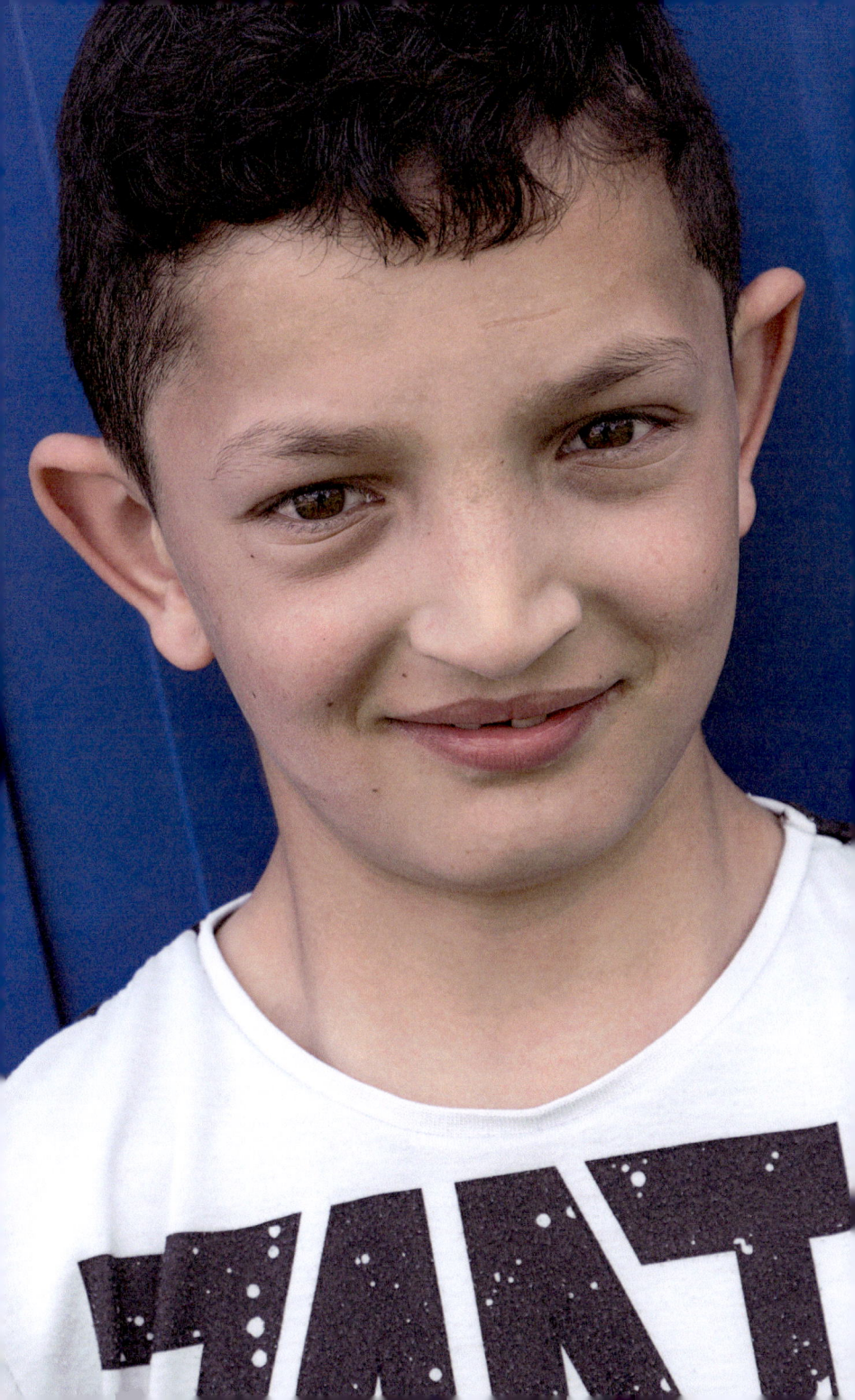

„ICH ERINNERE MICH GUT AN SERBIEN, AN MEINE STADT."

Aleksandra, 14 Jahre alt, Herkunftsland: Serbien

Ich bin seit drei Jahren in Deutschland. Ich erinnere mich gut an Serbien, an meine Stadt. Ich habe Geschwister, zwei Schwestern, achtzehn und neunzehn Jahre alt. Meine Schwestern arbeiten hier. Etwas mit dem PC. Ich bin in der Vorbereitungsklasse für Deutsch. Ich habe auch Freunde hier gefunden. Wir spielen Tischtennis, Kicker. Mir gefällt es hier. Ich komme aus den Bergen in Serbien. Dort ist es sehr schön. Aber dort hatten wir kein Essen, kein Geld. Meine Oma und meine Mama sind hier. Mein Papa und mein Opa sind nicht hier. Wir haben noch nicht genug Geld, um sie zu holen.

„ALEPPO WAR VOR DEM KRIEG SEHR SCHÖN."

Roulian, 11 Jahre alt, Herkunftsland: Syrien

Wir sind drei Jahre in Deutschland. Ich gehe in die Realschule, in die fünfte Klasse. Ich habe viele Freunde aus verschiedenen Ländern. Wir spielen Tischtennis, spielen Ball, reden zusammen. Mein Vater, meine Mutter und meine beiden Brüder sind auch hier. Mein Opa ist gestorben. Meine Oma lebt in Syrien. Sie kommt nicht hierher, sie will in Syrien bleiben. Wir sind wegen des Kriegs von Syrien nach Algerien gegangen. Da blieben wir ein Jahr lang. Dann sind wir mit dem Boot mit mehreren Familien hierhergekommen. Wir sind in Dortmund und Aachen angekommen. Auf dem Schiff war es gruselig, ich hatte Angst. In Syrien war Krieg, ich konnte nicht in die Schule gehen. Ich wohnte in Aleppo. Immer war Krieg! In Aleppo hatte ich ein Zimmer allein.

Ich bin mit meinem Bruder und meiner Mutter gekommen, danach sind mein Vater und mein anderer Bruder gefolgt. Meine Eltern besuchen beide einen Deutschkurs, meine Mutter schon den zweiten. Aleppo war vor dem Krieg sehr schön. Ich konnte meine Oma zu Fuß besuchen. Wir telefonieren regelmäßig mit meiner Oma in Syrien.

„MIR GEFÄLLT ES HIER IN WUPPERTAL, ICH LERNE DIE SPRACHE UND HABE FREUNDE GEFUNDEN."

Ali, 18 Jahre alt, Herkunftsland: Afghanistan

Als ich drei Monate alt war, bin ich mit meinen Eltern und meiner Schwester in den Iran gegangen. Meine Eltern wohnten in Krassny. Ich bin im Iran aufgewachsen, in Iswahon. Die Landschaft ist dort sehr schön und abwechslungsreich, Flüsse, Berge, Meer und viele kulturelle Stätten.

Meine Mutter ist vor vier Jahren mit meinem Bruder, meiner Schwester und mir nach Deutschland gekommen.

Mir gefällt es hier in Wuppertal, ich lerne die Sprache und habe Freunde gefunden. Ich muss viel lernen für meinen Hauptschulabschluss, denn ich will in die 10. Klasse kommen. Mein Papa ist nicht nach Deutschland mitgekommen, obwohl er gern wollte. Er kam nur bis zur Grenze der Türkei. Als wir nach Griechenland kamen, war es Nacht und mein Vater hatte sich verlaufen. Wir haben tagelang versucht, meinen Vater über Handy zu erreichen, haben ihn aber nicht erreicht. Dann sind meine Mutter, meine Schwester, ihr Mann, meine kleine Cousine und ich allein weitergezogen, nach Mazedonien.

Als wir in Deutschland angekommen sind, acht Monate später, hat mein Vater uns aus der Türkei angerufen. Er ist ins Gefängnis gekommen, danach ging er wieder in den Iran zurück und hat wieder angefangen zu arbeiten. Wir haben einen Einreiseantrag für meinen Vater gestellt. Das dauert eineinhalb bis zwei Jahre. Wir warten.

Ich habe ihn einmal mit meiner Mutter im Iran besucht. Er war krank, hatte einen Autounfall. Es war schön, als wir meinen Vater am Flughafen wiedergesehen haben, wir haben uns gefreut und geweint. Wir waren drei Tage da.

„WIR HABEN ARABISCH EIN BISSCHEN VERGESSEN."

Ahmad, 9 Jahre alt, Herkunftsland: Syrien

Ich bin seit drei Jahren in Deutschland. Ich erinnere mich nicht an die Stadt, aus der ich komme, nicht an unsere Wohnung, nicht an Opa, Oma. An den Krieg erinnere ich mich nicht, an nichts. Mein Vater weiß das. Ich will wissen, wie mein Zimmer aussah. Dann frage ich ihn, er soll es mir beschreiben.

Ich lebe mit Mama, Papa, Ohsed, Mohamed, Barah, Maja und Gerd hier in Wuppertal. Gerd ist neu, er ist hier geboren. Wir sind fünf Jungs und ein Mädchen. Mir gefällt es hier. Ich habe viele Freunde. Mit Ohsed, Mohamed und Barah spreche ich Deutsch, weil sie nicht so gut Arabisch können. Wir haben Arabisch ein bisschen vergessen.

Ich gehe nicht so gern zur Schule, spiele lieber mit meinen Freunden. Meine Eltern sprechen besser Arabisch als Deutsch. Sie reden untereinander Arabisch. Manchmal reden sie über irgendetwas, das wir nicht verstehen. Das ärgert uns. Wenn wir mit meinen Eltern reden, reden wir Deutsch mit arabischen Worten dazwischen. Ich weiß nicht, wo meine Großeltern sind. Manchmal rufen sie uns mit dem Handy an.

„ICH HABE ZWEI PAPAS. BEIDE MAG ICH GLEICH."

Yasemine, 8 Jahre alt, Herkunftsland: Tunesien

Wir sind fast zwei Jahre hier, meine Eltern und meine Geschwister, ein Mädchen und ein Junge. Mir gefällt es hier gut. Ich gehe hier zur Schule. Ich habe viele Freunde. Meine beste Freundin ist Maja. Ich bin mit meiner Mama mit dem Flugzeug gekommen. Meine Mutter arbeitet nicht, mein Papa arbeitet hier, ich weiß nicht, wo. Er sieht fröhlich aus, wenn er von der Arbeit kommt. Ich habe zwei Familien, eine in Deutschland, eine in Tunesien. Ich habe zwei Papas. Beide mag ich gleich. Ich möchte gern Polizistin werden, wenn ich groß bin. Ich mache gern Sport, schwimmen, tauchen.

„UNSER HAUS IST SO WEIT WEG VON DEUTSCHLAND, ICH SEHE ES ABER IMMER GANZ NAH VOR MIR."

Rihanna, 8 Jahre alt, Herkunftsland: Deutschland

Meine Eltern kommen aus Albanien. Ich bin hier in Deutschland geboren. Ich spreche auch die Sprache meiner Eltern, Albanisch. Zu Hause sprechen wir Albanisch. Meine Eltern sprechen auch Deutsch. Ich habe einen Halbbruder.

In Albanien ist es sehr schmutzig. Meine Cousine wohnt in einem großen Haus. Wir haben dort ein kleines Haus. Die meisten Menschen werfen den Müll auf die Straße. Ich tue das nicht, ich werfe alles in die Mülltonne. Dort gibt es nicht so viel zu essen. Die Vögel sind sehr klein, sie finden nicht viel Futter und es ist sehr warm. Es gibt mehr Sand als Bäume und Gras. Dort ist viel länger Sommer. Das ist schön. Ich habe ein Nachbarsmädchen, mit dem ich spiele. Sie muss Siesta machen, wir nicht, weil wir aus Deutschland kommen.

Der Friedhof ist richtig nah bei unserem Haus, wir können dort für unsere Oma beten. Das ist gut. In unsere Wohnung kommen viele Ameisen, wenn es warm ist. Unser Haus ist so weit weg von Deutschland, ich sehe es aber immer ganz nah vor mir.

„ICH MÖCHTE SPÄTER POLIZIST WERDEN, DA KANN ICH LEUTEN HELFEN."

Toni, 12 Jahre alt, Herkunftsland: Bulgarien

Ich komme aus Bulgarien und bin sechs Jahre hier. Ich bin nur mit meiner Mutter und meiner Schwester gekommen. Mein Papa lebt in Bulgarien. Ich weiß nicht, warum wir allein gekommen sind. Ich bin in Bulgarien nicht zur Schule gegangen. Hier gehe ich zur Schule. Ich gehe gern, aber mache auch ein bisschen Quatsch.

Meine Mutter bekommt ein neues Kind. Sie hat hier einen Freund. Sie hat hier gearbeitet, aber im Moment arbeitet sie nicht. Ich habe meinen Papa noch nie gesehen.

Es war gut in Bulgarien. Es gab viele Kinder und viele Autos, es war warm, die Menschen sind bunt angezogen. Ich hatte ganz viele Freunde. Ich möchte gern zurück nach Bulgarien, ich möchte meine Oma, meinen Onkel und meine Freunde sehen. In den Ferien gehen wir nach Bulgarien.

Ich möchte später Polizist werden, da kann ich Leuten helfen. Ich habe hier auch viele Freunde. Ich spiele gern in der „Alten Feuerwache" und spiele gern Playstation oder Fußball.

„ICH BIN GERANNT, MEIN SCHUH IST ABER IM MATSCH STECKEN GEBLIEBEN, DA MUSSTE ICH OHNE SCHUHE WEITER GEHEN."

Husseyn, 12 Jahre alt, Herkunftsland: Kurdistan

Ich komme aus Kurdistan. Wir sind seit viereinhalb Jahren in Deutschland. Ich erinnere mich sehr gut an zu Hause: Es war vieles kaputt, es hat Tag und Nacht gebrannt, es gab keine Steinhäuser, sondern Holzhäuser, es war ganz eklig. Meine Mutter war schwanger, sie wollte weg. Mein Vater sagte, wir gehen nach Deutschland, wir nehmen den Fluchtweg von Syrien aus. Das hat zwei Monate gedauert. Mein Vater musste Geld bezahlen. Er heuerte einen Mann an, der sich auskannte und uns führte. Er hat uns aber betrogen, er hat sich davongemacht.

Ich hatte einen großen Bruder, der wurde auf der Flucht von der Flut mitgenommen, die Strömung war so stark, er rutschte aus und kam um. Wir mussten weiter, die Kameras hätten uns bemerkt und wir wären erschossen worden.

Wir kamen an einem Vulkan vorbei, der nicht mehr gearbeitet hat, es war matschig, manchmal sind wir umgekippt und wollten nicht mehr weiter. Am Ende wurden wir von türkischen Soldaten aufgehalten. Sie wollten unsere Papiere sehen, wir hatten aber keine. Wir mussten Stunden warten, dann durften wir einreisen. Dann kam ein türkischer Soldat und sagte, wir müssten weiterreisen. Ich bin gerannt, mein Schuh ist aber im Matsch stecken geblieben, da musste ich ohne Schuhe weiter gehen. Dann kamen wir über die Grenze nach Österreich, dann nach Deutschland. Ich bin gern hier, aber Deutsch ist nicht meine Muttersprache und manche Wörter kann ich nicht gut verstehen. Ich habe hier aber schon ganz viele Freunde gefunden.

„MEINE MUTTER HAT ALLE SACHEN GEWASCHEN, ABER DA WIR SOFORT GEHEN MUSSTEN, SIND WIR MIT DEN NASSEN SACHEN GEGANGEN."

Ewa, 10 Jahre alt, Herkunftsland: Kurdistan, Schwester von Husseyn

Als sich meine Eltern entschlossen hatten, zu fliehen, mussten wir alles abgeben: unsere Möbel, Kleider, unser Haus. Es gehört jetzt jemand anderem. Der Mann, der uns helfen wollte, sagte, er müsste noch etwas erledigen, dann war er weg. Mein Onkel sagte, er habe ein Haus für uns in der Türkei. Dort war es eng und ganz dreckig. Da kam auf einmal die türkische Polizei und sagte, wir müssten gehen. Meine Mutter hat alle Sachen gewaschen, aber da wir sofort gehen mussten, sind wir mit den nassen Sachen gegangen. Die ganze Flucht war gefährlich für uns, aber wir haben es alle geschafft. Wir waren dann in einem Übergangsheim mit großem Garten, wo auch andere Familien und Kinder wohnten. Wir bekamen dreimal am Tag zu essen! Meine kleine Schwester Tima wurde dort geboren.

Ich mag Europa. Man braucht Geld, um herzukommen, aber jeder kann kommen, das finde ich gut. Das deutsche Essen mag ich – außer Schweinefleisch. Ich hab mich schon daran gewöhnt, hier zu sein. Ich gehe gern zur Schule, ich mache viel mit meinen Freundinnen.

Ich spreche manchmal mit meinen Eltern Kurdisch. Ich bin froh, dass ich hier bin. Hier kann uns keiner einfach verhaften. Mit meiner Oma gehe ich gern raus, sie muss die Welt genießen.

„IN NIGERIA WAR ICH SCHON IN DER ZWÖLFTEN KLASSE, HIER BIN ICH IN DER NEUNTEN KLASSE."

Samad, 18 Jahre alt, Herkunftsland: Nigeria

Ich bin in Benim geboren, später sind wir nach Nigeria gezogen. Ich bin seit drei Jahren hier. Ich bin allein mit dem Flugzeug gekommen. Ich lebe hier bei meinem Vater. Er ist seit zweiundzwanzig Jahren hier. Meine Mutter ist nicht mitgekommen, ihr ist es zu kalt hier.

Ich wollte in Deutschland studieren. Jetzt besuche ich noch die Schule. Ich spreche Englisch, meine Muttersprache spreche ich auch. Ich bin nur halb froh, dass ich hierhergekommen bin. Ich vermisse meine Heimat, am meisten meine Mutter und meine Geschwister. Aber es kann nicht hundertprozentig sein. Ich lebe mit meinem Vater und seiner Freundin zusammen. Ich habe viele Freunde gefunden. In der Freizeit spiele ich Fußball und gehe raus. Nigeria ist gut, leider sind viele arm und es gibt keine Jobs. Ich habe noch fünf Geschwister, die leben in Nigeria. Sie wollten mitkommen, aber ich habe ihnen gesagt, sie sollen erstmal die Schule fertig machen und studieren. Ist besser, denn ich wurde hier in der Schule zurückgestuft. In Nigeria war ich schon in der zwölften Klasse, hier bin ich in der neunten Klasse. Da verliere ich Zeit. Ich möchte studieren, aber mein Traum ist es, ein berühmter Fußballspieler zu werden. Ich bin hier im Verein, Stürmer. Ich bin gut!

Zwei Jahre brauchte ich, um mich an die Kälte im Dezember zu gewöhnen. Aber jetzt ist es gut.

„ALLES WAR KAPUTT IN DER STADT."

Oday, 10 Jahre alt, Herkunftsland: Syrien

Ich komme aus Syrien, bin seit zwei Jahren hier. Ich spreche schon gut Deutsch. Ich bin mit meinen Eltern und meinen beiden Brüdern gekommen. Ein Bruder ist elf Jahre alt, einer ist ein Jahr alt. Ich erinnere mich an Syrien, an unsere Stadt. Unsere Oma wohnte nicht weit von uns. Unser Haus war kaputt. Wir wohnten dann bei meiner Oma.

Wir sind nach Deutschland geflogen. Mein Vater ist schon vier Jahre hier, er hat uns nachgeholt. Er arbeitet bei Duisburg. Wir waren zuerst in einer anderen Stadt. Meine Mutter kann noch kein Deutsch, sie lernt es. Von Syrien weiß ich nur noch, wo meine Oma und meine Tante wohnten. Sonst erinnere ich mich an nichts, nur dass die Stadt groß war. Alles war kaputt in der Stadt.

Mir hat es in Syrien trotzdem besser gefallen, da habe ich mich ausgekannt. Ich hatte in Syrien viele Freunde, mehr als zwanzig! Die Schulklassen sind viel, viel größer und man bleibt lange zusammen. Ich spreche besser Syrisch als Deutsch, deshalb fühle ich mich dort mehr zu Hause. Ich lese gern Bücher über Tiere. Ich telefoniere jeden Tag mit meiner Oma.

„ZU HAUSE KOCHEN WIR ARABISCHES ESSEN, ICH MAG ABER AUCH DEUTSCHES ESSEN."

Daren, 11 Jahre alt, Herkunftsland: Syrien

Ich komme aus Syrien, bin seit vier Jahren hier. Mein Vater kam mit dem Schiff, meine Mutter, meine Schwester und ich mit dem Flugzeug. Mein Vater war schon vorher da. Ich erinnere mich an die Stadt, wo wir gewohnt haben. Ich erinnere mich an den Hof, in dem wir gespielt haben und an den Spielplatz. Katzen, Hunde, Mäuse, Kühe waren im Hof. Ich habe viel vom Krieg mitbekommen. Unser Haus ist zerstört, die Hälfte ist weg. Wir sind nach Damaskus gegangen und haben kurze Zeit dort gelebt, sechs Monate. Dann haben wir sechs Monate in der Türkei gelebt, dann sind wir nach Deutschland gekommen. Es gefällt mir hier. Zu Hause kochen wir arabisches Essen, ich mag aber auch deutsches Essen. Ich spiele gern Fußball. Ich kämpfe gern mit Jungs und Mädchen.

Ich habe fünf Geschwister, sie sind zweiundzwanzig, neunzehn, sechzehn, vierzehn, vier und ein Jahr alt. Wir sind sechs Mädchen und ein Junge. Mein Vater sucht Arbeit hier. Meine Mutter ist zu Hause. Sie hat einen Deutschkurs gemacht, kann aber noch nicht so gut Deutsch. Zu Hause sprechen wir Arabisch, mit meinen Geschwistern ein bisschen Deutsch. Ich kann auch Arabisch schreiben, ich gehe zweimal in der Woche in den Arabischunterricht.

Ich gehe gern zur Schule und bin gut. Ich boxe auch gern. Ich würde gern Schiedsrichterin werden.

„WIR WAREN ZUERST IN THÜRINGEN. DA SAHEN WIR NACH VIER UHR KEINEN MENSCHEN, DAS WAR IN DAMASKUS GANZ ANDERS."

Nawar, 12 Jahre alt, Herkunftsland: Syrien

Ich komme aus Syrien, bin seit vier Jahren hier. Ich bin mit meiner ganzen Familie hier. Wir sind über den Libanon in die Türkei gekommen, dann waren wir in vielen Ländern bis wir in Deutschland ankamen. Vierzig Tage waren wir unterwegs. Einen Monat haben wir in der Türkei gelebt. Mein Vater musste Geld bezahlen, dass wir kommen konnten.

Ich habe vier Geschwister. Meine Schwester ist verheiratet, sie ist mit ihrem Mann gekommen. Meine Geschwister sind alle älter, ich bin der Kleinste. Meine Schwester ist körperbehindert, wir haben sie abwechselnd getragen. Wir haben in Damaskus gewohnt, aber es war dauernd Krieg, so dass mein Vater sagte: Wir gehen. Am letzten Tag dort haben wir noch Ramadan gefeiert, danach sind wir gegangen.

Ich war immer Klassenbester, hier nicht. Ich gehe sehr gern zur Schule, mache nur nicht gern Hausaufgaben. Ich habe hier arabische und deutsche Freunde. Ich schwimme und spiele Fußball. Ich bin in beidem im Verein. Wir waren zuerst in Thüringen. Da sahen wir nach vier Uhr keinen Menschen, das war in Damaskus ganz anders. Da sind bis in die Nacht die Geschäfte offen. Wenn Ramadan ist, geht keiner schlafen, alle bleiben auf. Die Schwebebahn kannte ich auch nicht.

„ICH HABE ZWEI ZUHAUSE, ZWEI HEIMATLÄNDER."

Diellze, 18 Jahre alt, Herkunftsland: Kosovo

Mein Dad war schon vor dem Krieg zwischen Serbien und Kosovo allein nach Deutschland geflüchtet. Er war ungefähr sechs Jahre allein hier. Wir haben aber von der Abwesenheit nicht viel gemerkt, denn er besuchte uns, wann immer es ihm möglich war, in unserem Dorf. An eine Situation erinnere ich mich genau: Wir spielten gerade im Haus, da hörte meine Schwester schon den riesigen LKW meines Vaters in die Einfahrt fahren. Sie schrie: Papa ist da, Papa ist da! Er hatte uns beiden – ich war damals drei Jahre alt und erinnere mich immer noch daran – kleine Barbiepuppen mitgebracht! Es war schon immer toll, wenn er kam! Gelebt und gearbeitet hat er erst in Düsseldorf, dann ist er nach Wuppertal gezogen. Als er genug Geld gespart hatte – nach sechs Jahren – hat er uns mit dem Flugzeug nachkommen lassen. Die Stadt war groß und fremd für mich am Anfang. Aber unser Dad hatte eine Wohnung für uns besorgt und hatte sie komplett eingerichtet.

Am Anfang habe ich geweint, als ich in den Kindergarten sollte, ich habe ja nur albanisch gesprochen. Aber ich habe sehr schnell Deutsch gelernt. Meine Eltern achten darauf, dass wir zweisprachig aufwachsen. Wenn es um Arbeiten, Schule und Beruf geht, würde ich lieber hier leben, aber wenn es um Familie geht, wäre ich lieber im Kosovo. Wir sind eine sehr große Familie, alle leben im Kosovo, wir sind die einzigen, die hierhergekommen sind. Wir fahren jeden Sommer dorthin. Ich habe zwei Zuhause, zwei Heimatländer. Ich fühle mich hier wohl und dort wohl, obwohl ich in beiden Ländern Ausländerin bin. Ich bin auch ganz stolz auf meinen großen Bruder. Er hat für unsere Familie ein Haus in Wuppertal gekauft. Familie ist für uns das Wichtigste.

„ICH HABE VIELE FREUNDE GEFUNDEN, MEIST ARABISCHE, ABER AUCH EINEN DEUTSCHEN, DER EIGENTLICH MAROKKANER IST, ABER HIER GEBOREN WURDE."

Laith, 21 Jahre alt, Herkunftsland: Syrien

Ich komme aus Damaskus. Ich lebe jetzt vier Jahre in Deutschland. Mein Vater ist am 1. Januar 2013 im Krieg gestorben. Ein halbes Jahr danach bin ich nach Jordanien gegangen, allein. Ich bin über die Türkei nach Deutschland gekommen. Ich habe zweimal einen Deutschkurs besucht und schnell Deutsch gelernt, da ich ehrenamtlich mit Kindern in der Diakonie gearbeitet habe. Wir hatten hier viel Unterstützung von Menschen, die uns geholfen haben. So konnte auch mein Bruder dieses Jahr aus der Türkei kommen.

Anfangs wurde mir gesagt, ich könnte hier keine Schule besuchen. Ich hatte ja keine Zeugnisse. Die sind alle durch den Krieg weg. Ich habe mich selbst erkundigt und erfahren, dass es Schulen gibt, auf die ich gehen kann. Jetzt bin ich angemeldet. Ich habe mich schnell hier eingewöhnt. Hier ist alles viel geregelter, korrekter. Das gefällt mir. Ich habe viele Freunde gefunden, meist arabische, aber auch einen deutschen, der eigentlich Marokkaner ist, aber hier geboren wurde. Er achtet darauf, dass ich gutes Deutsch spreche. Ich bin gern hier, selbst wenn kein Krieg mehr wäre, möchte ich lieber hier leben. Ich habe nur eine kleine Familie in Syrien. Meine Oma, mein Opa und meine Tante. Wir besitzen nichts mehr in Syrien, weder Haus noch Auto, einfach nichts. Ich fotografiere in meiner Freizeit meine Freunde. Nach meinem Schulabschluss möchte ich eine Lehre zum Fotografen machen.

„MEINE MUTTER KENNE ICH NICHT. MEIN VATER IST GESTORBEN."

Mamadou, 19 Jahre alt, Herkunftsland: Nigeria

Ich komme aus Nigeria. Ich bin mit sechzehn Jahren gegangen. Ich bin vor zwei Jahren nach Deutschland gekommen. Ich bin mit einem Freund geflohen. Wir haben uns aber in Italien getrennt. Meine Mutter kenne ich nicht. Mein Vater ist gestorben. Von Italien bin ich in die Schweiz gegangen. Dort lebte ich einen Monat. Im Zug wurde ich aufgegriffen. Ich hatte ja keinen Ausweis, keine Papiere. Dann kam ich nach Freiburg und wurde dort nach Zwickau eingeteilt. Danach war ich in Görlitz, dann in Wuppertal. Ich bin zufrieden, dass ich hier bin.

Hier gibt es nicht so viel Rassismus. Ich gehe hier zur Schule, mache dieses Jahr die zehnte Klasse.

Ich möchte LKW-Fahrer werden. Ich habe aber noch keinen Führerschein. Ich muss erst darauf sparen. Ich wohne in einer eigenen Wohnung, allein. Ich habe einen Freund hier, er kommt auch aus Nigeria. Manchmal kommt er zu mir, manchmal komme ich zu ihm. Wir treffen uns am Wochenende. Wir spielen in derselben Fußballmannschaft. In meiner Freizeit gehe ich ins Fitnessstudio. Manchmal ist es gut in Deutschland, manchmal nicht. Ich koche selber, Reis oder Kartoffeln mit Gemüse und Sauce. Ich spreche meine afrikanische Sprache und Französisch. Das hatten wir in der Schule.

„IN PASARDSCHIK IST ES SCHÖN. ES IST VIEL WÄRMER, ES GIBT PFERDE, MAN KANN IMMER FUSSBALL SPIELEN."

Georgi, 10 Jahre alt, Herkunftsland: Bulgarien

Ich komme aus Bulgarien, aus Pasardschik. Dort ist es schön. Es ist viel wärmer, es gibt Pferde, man kann immer Fußball spielen. Ich habe dort mit meiner Mama, meinem Papa, meiner Oma und meinem Opa gewohnt. Man kann dort immer alle Freunde sehen. Wir sind vor einem Jahr von Stuttgart gekommen. Dort waren wir zwei oder drei Jahre. Hier gefällt es mir besser, hier ist auch meine ganze Familie. Ich habe schon neue Freunde gefunden.

Ich gehe hier in die Schule, habe gerade die vierte Klasse beendet und gehe danach auf die Gesamtschule. Wir sprechen zu Hause Türkisch.

„GEORGI IST MEIN FREUND. ER ÜBERSETZT FÜR MICH, WENN ICH ETWAS NICHT VERSTEHE."

Ahmet, 9 Jahre alt, Herkunftsland: Bulgarien

Ich komme aus Bulgarien, aus Pasardschik. Georgi ist mein Freund. Er übersetzt für mich, wenn ich etwas nicht verstehe. Es gefällt mir hier. Ich bin auf der Grundschule, in der zweiten Klasse. Wir spielen oft Fußball oder treffen uns im Bürgerzentrum. Im Sommer fahren wir nach Bulgarien. Das ist schön. Da habe ich mehr Freunde. Ich reite dort – mit und ohne Sattel!

Mein Opa hat zwei Pferde. Meine ganze Familie ist hier. Ich liebe Spaghetti!

„VON EINER NACHT AUF DIE ANDERE HABE ICH MEINE MUTTER UND ALLE VERLASSEN."

Ahmad, 21 Jahre alt, Herkunftsland: Syrien

Wir sind eine große Familie und haben versucht, in der Türkei zu leben. Das hat nicht geklappt. Da hat mich mein großer Bruder angerufen, ich solle die Chance ergreifen und nach Deutschland kommen, mein Cousin würde mich am nächsten Tag abholen. Von einer Nacht auf die andere habe ich meine Mutter und alle verlassen. Das war sehr schwer für mich! Ich möchte nicht mehr daran denken. Ich musste die Chance ergreifen. Die Flucht war sehr gefährlich. Man war nie sicher, ob eine Grenze noch offen war oder nicht. Zum Beispiel waren wir mal mitten in der Nacht in einem Wald in einem leerstehenden Haus ohne Fenster, es war stockfinster. Dann hat es angefangen zu regnen. Wir waren todmüde. Dann hörten wir, dass die Grenze offen ist. Wir mussten los. An der Grenze standen Soldaten mit Schlagstöcken. Ich war Kind und hatte Angst. Ich habe meinen Rucksack einfach weggeworfen und bin durch. Ich habe immer wieder Glück. Ich wusste aber nicht, wo mein Cousin war. Da habe ich einfach laut seinen Namen gerufen und gehofft, dass er antwortet. So habe ich ihn wiedergefunden.

Um einen Platz im Wohnheim und in der Schule habe ich mich selbst gekümmert. Ich besuche jetzt eine Schule mit Schwerpunkt Naturwissenschaften, mache Abitur. Ich möchte Maschinenbau studieren und Ingenieur werden. Ich möchte auf jeden Fall hier bleiben. Seit kurzem bin ich mit einem Mädchen aus Syrien verlobt. Ich hatte großes Glück!

„WIR WAREN ZUERST IN MÜNCHEN. ABER HIER GEFÄLLT ES MIR BESSER, ES GIBT MEHR KINDER."

Kiril, 11 Jahre alt, Herkunftsland: Bulgarien

Ich komme aus Bulgarien. Ich gehe auf die Hauptschule. Ich komme aus Pasardschik. Es gibt dort viele Tiere, Kühe, Vögel, Pferde. Meine Familie hat Pferde. In den Ferien gehen wir nach Bulgarien. Ich bin mit meiner Familie drei Jahre hier. Wir waren zuerst in München. Aber hier gefällt es mir besser, es gibt mehr Kinder. Mir gefällt es hier besser als in Bulgarien. Hier dürfen wir lernen und können nachher eine Arbeit finden. Ich habe viele Freunde.

„ICH KANN NUR EIN BISSCHEN BULGARISCH, NUR SO VIEL, DASS ICH AM KIOSK EINKAUFEN KANN."

Erkan, 11 Jahre alt, Herkunftsland: Bulgarien

Ich komme aus Bulgarien, aus Pasardschik. Dort sieht es ganz anders aus, man kann alles allein machen, muss nicht auf die Straße achten. Kann allein rausgehen. Dort ist es schöner. Ich gehe hier auf die Schule, ich gehe gern dorthin. Ich habe hier Freunde. Ich spiele gern Fußball und Playstation. Meine Eltern sprechen kein Deutsch, nur Türkisch. Sie gehen jetzt aber auch auf eine Schule und lernen Deutsch. Im Sommer machen wir Ferien in Bulgarien. Ich kann nur ein bisschen Bulgarisch, nur so viel, dass ich am Kiosk einkaufen kann. Sonst reden wir Türkisch. Ich gehe gern ins Bürgerzentrum zum Spielen.

„ALLES IST IN PASARDSCHIK SCHÖNER ALS HIER."

Kasimiro, 12 Jahre alt, Herkunftsland: Bulgarien

Ich komme aus Bulgarien. Wir kommen aus Pasardschik. Wir sind seit drei Jahren hier. Mir gefällt es hier. Vor allem, weil ich viele Freunde gefunden habe. Alles ist in Pasardschik schöner als hier. Ich habe dort mit meinem Hund gespielt. Hier habe ich keinen. Meine ganze Familie ist hier. Ich liebe Sandwichtoast! Ich spiele gern Fußball. Am liebsten würde ich immer nur Fußball spielen!

„ICH ERINNERE MICH NICHT AN DEN ORT, AUS DEM ICH KOMME."

Sama, 8 Jahre alt, Herkunftsland: Syrien

Ich lebe seit vier Jahren in Deutschland, in Wuppertal. Ich erinnere mich nicht an den Ort, aus dem ich komme. Ich erinnere mich nicht an das Haus, in dem wir lebten. Ich erinnere mich nicht an meine Freunde. Ich erinnere mich nicht an das Wetter dort. Auch nicht daran, wie es dort überhaupt ausgesehen hat.

Ich gehe hier in die Grundschule in die zweite Klasse. Ich mache am liebsten Mathe und Deutsch. Ich habe in der Klasse eine Freundin gefunden. Sie ist Deutsche. Wir spielen zusammen Fangen, wenn wir draußen sind. Sonst treffen wir uns zu Hause bei mir. Ich rede nicht gern. Am meisten rede ich mit meinen Eltern. Da rede ich kurdisch. Am liebsten esse ich Nudeln mit Soße. Wenn ich groß bin, möchte ich Polizistin werden. Eine Polizistin sorgt für Gerechtigkeit.

„MEINE FREUNDE SIND WIE MEINE BRÜDER."

Yousuf, 11 Jahre alt, Herkunftsland: Syrien

Ich bin in Hama in Syrien geboren. Wir hatten ein Haus mit großem Garten, hinten im Garten haben mein Opa, meine Oma und mein Onkel gewohnt. Es gab einen großen Feigenbaum im Garten. Mein Vater meinte, es ist besser, nach Deutschland zu gehen, wegen des Krieges und weil wir hier besser lernen könnten. Wir sind mit dem Flugzeug gekommen. Ich bin zwei Jahre hier. Anfangs war ich sehr schüchtern, weil ich die Sprache noch nicht beherrschte. Ich hatte nur arabische Freunde und habe nur Arabisch geredet. Jetzt spreche ich gut Deutsch, nur mit der Rechtschreibung habe ich noch Probleme. Ich habe viele deutsche Freunde und spreche kaum noch Arabisch, auch nicht mit meinen albanischen, türkischen, syrischen und libanesischen Freunden. Meine Freunde sind wie meine Brüder. Ich war erst in einer Vorbereitungsklasse, gehe jetzt auf die Gesamtschule. Dort gefällt es mir gut. Wir haben den nettesten Lehrer der ganzen Schule! Montags und mittwochs gehe ich zur Fußball-AG. Später möchte ich gern Pilot werden, da reist man viel.

Ich vermisse meine restliche Familie in Syrien. Meine Tante hat Zwillinge bekommen, ein Mädchen und einen Jungen. Wir skypen zwar, aber ich würde sie so gern mal anfassen und knuddeln! Was ich richtig vermisse ist, dass wir im Sommer immer bei meiner Tante im Schwimmbad schwimmen konnten, jeden Tag! Die ganze Familie fand sich dort ein, das war schön!

Meine Mutter lernt von uns Kindern Deutsch. Wenn wir schnell sprechen, versteht sie uns nicht. Meine Mutter hat drei Monate als Erzieherin in einem Kindergarten gearbeitet, dort hat sie besser Deutsch gelernt.

„ICH VERMISSE MEINE FAMILIE IN SYRIEN, SEHE SIE ZWAR ÜBER SKYPE, WILL SIE ABER AUCH MAL WIEDER IN DEN ARM NEHMEN."

Darvin, 11 Jahre alt, Herkunftsland: Syrien

Ich bin seit dreieinhalb Jahren in Deutschland. Ich komme aus der Stadt Qamischli. Es war schön dort, ich kann mich sehr gut daran erinnern. Meine Tanten waren da, einfach die ganze Familie.

Ich bin mit meinen Eltern und meinen vier Geschwistern hierhergekommen. Ich bin die jüngste, mein größerer Bruder ist dreiundzwanzig Jahre alt, meine anderen Geschwister, sie sind Zwillinge, sind zwanzig Jahre alt, mein anderer Bruder ist dreizehn. Wir sind mit dem Flugzeug gekommen. Ich fühle mich sehr wohl hier. Ich bin die Beste in Deutsch und in Englisch! Ich darf während des Englischunterrichts in die Bibliothek und kann dort ein schwierigeres Buch lesen als das, was wir gerade im Unterricht durchnehmen. Ich bin die Allerbeste in Englisch! Ich habe mega viele Freunde gefunden, gehe dienstags zur Hip-Hop-AG, donnerstags zur Basketball-AG und freitags mit meiner Freundin Laura zum Turnen. Alles macht mir mega Spaß!

Ich hatte zwar Gymnasialempfehlung, habe mich aber für die Gesamtschule entschieden. Da fühle ich mich wohler.

Ich vermisse meine Familie in Syrien, sehe sie zwar über Skype, will sie aber auch mal wieder in den Arm nehmen. Mein Lieblingsessen sind Nudeln mit Käse überbacken wie sie meine Oma macht. Sie kann so gut kochen und backen! Sie lebt in Solingen. Zwei meiner Onkel sind hier, einer ist Arzt in Düsseldorf, der andere wohnt in Solingen und ist Journalist.

Wenn ich groß bin, will ich gern Ärztin oder Polizistin werden.

„ICH KANN MEINE MEINUNG FREI ÄUSSERN UND SIE ZÄHLT GENAUSO VIEL WIE DIE EINES MANNES."

Sahr, 19 Jahre alt, Herkunftsland: Afghanistan

Ich bin seit vier Jahren in Deutschland. Ich komme aus Kabul, dort bin ich aufgewachsen. Es war sehr schön dort! Wenn ich daran denke, kommen mir die Tränen.

Ich bin mit meiner Mutter, meiner Schwester und meinen Brüdern gekommen. Ein Jahr später kam mein Papa. Er ist sehr mutig, dass er uns zuerst hat gehen lassen. Das ist nicht üblich. Meine Mama war in Afghanistan Lehrerin, mein Papa war Ingenieur. Sie wollen beide hier in ihren Berufen arbeiten. Beide besuchen deshalb Sprachkurse.

Ich gehe in die 13. Klasse. Hier geht's mir viel besser, weil ich ohne Angst zur Schule gehen und in Sicherheit leben kann. Ich habe beruflich so viele Möglichkeiten! Als Frau habe ich Rechte. Ich kann meine Meinung frei äußern und sie zählt genauso viel wie die eines Mannes. Ich kann allein durch die Straßen gehen, kann sogar mit Freundinnen allein ins Kino gehen. In Afghanistan war ich nie im Kino!

Was mir an Deutschland nicht gefällt, ist das Wetter! Hier leben ist richtig stressig. Ich bin noch nicht darauf gekommen, woran das liegt. In Afghanistan wusste ich nicht, was Stress ist.

Das Essen schmeckt ganz anders. Das Obst und Gemüse schmeckt nicht so natürlich wie in Afghanistan. Mir fällt auf, dass Jugendliche hier keinen Respekt vor den Alten haben. Die Alten kommen hier in ein Altersheim, bei uns leben sie im Alter in der Familie. Sie sollen für den Rest ihres Lebens glücklich im Kreis der Familie sein. Allein sein im Alter ist traurig. Die Menschen in Afghanistan sind freundlicher. Vielleicht liegt es daran, dass dort immer die Sonne scheint.

„ICH GENIESSE, DASS ICH HIER ZUR SCHULE GEHEN UND LEBEN KANN."

Hamse, 21 Jahre alt, Herkunftsland: Somalia

Ich bin in einer kleinen Stadt in Somalia geboren. Dort lebte ich mit meiner Mutter und drei Geschwistern. Mein Vater starb 2010. Ich hatte Probleme mit Terroristen. Daraufhin hat meine Mutter mich nach Äthiopien geschickt. Ich war dort fast sechs Monate und habe bei meiner Tante gelebt. Sie wollte nach Kanada ausreisen. Als sie ein Visum bekommen hat, konnte ich dort nicht allein bleiben. Ich war fünfzehn Jahre alt, arbeitete nicht, war in einem fremden Land. So hat sie mich zu anderen Jugendlichen gebracht, die in derselben Situation waren. Wir sind dann gemeinsam zu Fuß zum Sudan gelaufen. Dann war ich in Libyen. Insgesamt hat es sechs Monate gedauert, bis ich nach Deutschland kam. Seit 2015 bin ich hier. Ich war damals sechzehn Jahre alt. Ich habe meinen Asylantrag gestellt, wurde nach Herne geschickt. Dort lebte ich zwei Jahre lang. Als ich achtzehn Jahre alt wurde, entschied ich mich, nach Wuppertal zu ziehen. Ich gehe zur Schule und mache Abitur. Was ich danach mache, weiß ich noch nicht. Das Schulsystem in Somalia ist anders. Man hat nicht so viel Auswahl an Berufen. Ich muss mich erst zurechtfinden.

Ich wohne allein. Klar würde ich lieber mit meiner Familie leben, aber im Moment habe ich gar keinen Kontakt zu ihr. Von zu Hause bin ich gewohnt, dass man immer zusammen ist. Ich brauche Zeit, um mich daran zu gewöhnen, allein zu leben. Ich habe Freunde gefunden, die auch aus Somalia kommen und welche, die hier aufgewachsen sind. Ich genieße, dass ich hier zur Schule gehen und leben kann.

Ich vermisse meine Familie, ich wüsste gern, wo sie sind und ob sie noch am Leben sind. Aber ich muss aufpassen, dass die Erinnerungen nicht hochkommen.

„ICH HABE MIR MÜHE GEGEBEN, DASS ICH SELBSTSTÄNDIG WERDE UND HABE ES AUCH GESCHAFFT."

Sahal, 21 Jahre alt, Herkunftsland: Somalia

Ich bin über Äthiopien, den Sudan, die Sahara, Libyen, übers Mittelmeer und Italien nach Deutschland gekommen. Es war eine sehr lange, sehr gefährliche und sehr schwere Reise.

Die Reise hat insgesamt zwei Jahre gedauert, jetzt bin ich vier Jahre hier, allein. Lange Zeit hatte ich keinen Kontakt zu meiner Mutter, erst seit zwei Jahren wieder. Ich bin sehr glücklich darüber. Ich wusste lange nicht, wo sich meine Familie aufhält, sie musste ja Orte finden, wo man zu essen und Wasser finden konnte.

Ich ging hier zur Schule, haben meinen Hauptschulabschluss gemacht und eine Ausbildung gesucht. Davor habe ich viele Praktika gemacht: bei einem Malerbetrieb, bei einem Bodenleger, im Lager und als Altenpfleger. Danach habe ich entschieden, dass ich meine Ausbildung im Logistikbereich mache. Über das Jobcenter habe ich einen Ausbildungsplatz bei der Stadt bekommen. Die Fachsprache zu lernen war schwer für mich. Im zweiten Jahr hat es dann schon besser geklappt. Ich habe die Prüfung dieses Jahr im Juli gemacht. Danach habe ich wieder ein Praktikum gemacht und der Betrieb hat mich übernommen. Ich arbeite jetzt dort.

Ich bin hier richtig angekommen. Ich habe mir Mühe gegeben, dass ich selbstständig werde und habe es auch geschafft. Ich habe die Chancen genutzt, die ich hatte. Trotzdem vermisse ich meine Heimat, meine Familie. In Deutschland bin ich herzlich aufgenommen worden. Ich bin dankbar, dass ich hier mein Leben aufbauen und hier leben kann. Ich habe auch viele Freunde gefunden.

„ENTWEDER GEHST DU ZUM MILITÄR ODER DU VERSUCHST, ZU FLIEHEN."

Filmavit, 23 Jahre alt, Herkunftsland: Eritrea

Ich bin seit vier Jahren in Deutschland. Ich bin über Äthiopien in den Sudan gekommen. Dort habe ich ein Jahr lang gelebt. Dann bin ich über Libyen und die Sahara nach Italien und Griechenland und dann nach Deutschland gekommen. Ich lebte zuerst in München, dann kam ich nach Köln.

Ich habe Zwillinge, sie sind zwei Jahre alt und in Köln geboren. Ich bin allein gekommen, ohne Mann, ohne Verwandte. Wir waren fünf Mädchen im gleichen Alter, die sich auf den Weg gemacht haben. Ich habe zwei Onkel, die in Israel leben. Sie haben meine Reise bezahlt. Als Erwachsene mit achtzehn Jahren kann man das Land verlassen. Entweder gehst du zum Militär oder du versuchst, zu fliehen. Ich habe mich für die zweite Möglichkeit entschieden. Nun bin ich hier, habe endlich eine Tagesmutter gefunden und kann einen Deutschkurs besuchen. Eine Ausbildung zur Altenpflegerin kann ich erst beginnen, wenn die Zwillinge größer sind. Ich habe hier eriträische Freunde gefunden, noch keine deutschen. Ich kann die Sprache noch nicht gut genug.

Kontakt zu meiner Familie habe ich kaum. Jeden Monat versuche ich einmal, sie übers Internet zu erreichen. Hier ist alles anders als zu Hause. Alles.

„ICH BIN ZU FUSS IN DEN SUDAN GELAUFEN, SIEBEN TAGE LANG."

Ruta, 21 Jahre alt, Herkunftsland: Eritrea

Ich bin seit drei Jahren in Deutschland. Meine Eltern sind momentan mit meinen fünf Geschwistern im Sudan. Ob sie hierherkommen können, ist ungewiss. Ich bin allein gekommen, weil die Reise erstens sehr teuer und auch sehr gefährlich ist. Man hat die Wahl: Entweder, man schafft es, in ein anderes Land zu kommen, oder zu sterben. Ich bin zu Fuß in den Sudan gelaufen, sieben Tage lang. Dort bin ich einen Monat geblieben und weiter über Libyen nach Italien gekommen und war sieben Monate dort. Danach bin ich nach Deutschland gekommen, erst war ich zwei Wochen in Unna, dann war ich in Hamm. In Köln bin ich jetzt zweieinhalb Jahre. Als ich nach Köln gekommen bin, habe ich einen Monat in einer Sporthalle gelebt, dann bin ich in ein Heim gekommen und habe dort zwei Jahre gelebt. Inzwischen habe ich ein WG-Zimmer gefunden mit vier Mädchen. Eine kommt aus Südamerika, eine aus Köln, die andere weiß ich nicht. Jede hat in ihrem Zimmer eine eigene Küche. Ich gehe hier zur Schule, ich habe letztes Jahr die neunte Klasse abgeschlossen, dieses Jahr mache ich in der Realschule die zehnte Klasse. Ich war letztes Jahr auch in einer Vorbereitungsklasse. Deutsch zu lernen ist schwer, aber jetzt geht es. Ich habe viele Freunde gefunden. Hier gefällt mir, dass Frieden herrscht. Wenn möglich, telefoniere ich mit meinen Eltern.

Ich mache im Moment ein Praktikum im Flughafen. Ich möchte gern Pilotin werden. Ich hoffe, ich schaffe es. Ich habe kein Lieblingsessen, ich mag alles. Wichtig ist mir die Schule und Bildung.

„ICH MUSS MICH HIER NOCH AN ALLES GEWÖHNEN, AN DIE ANDEREN MENSCHEN UND AN DAS WETTER."

Sina, 15 Jahre alt, Herkunftsland: Eritrea

Ich lebte mit meinem Onkel und meinem Bruder in Addis Abeba und bin seit fünf Monaten in Deutschland. Wir kamen mit dem Flugzeug. Meine Mutter ist schon seit fünf Jahren hier. In besuche jetzt eine Vorbereitungsklasse in der Gesamtschule. In meiner Klasse habe ich trotz der kurzen Zeit, in der ich hier bin, Freunde gefunden. Wir haben zwar Englisch in Eritrea in der Schule gehabt, aber Deutsch ist noch sehr schwer für mich. Ich muss mich hier noch an alles gewöhnen, an die anderen Menschen und an das Wetter. Aber ich mag es, hier zu sein. Hier fühle ich mich sicher. Ich spiele gern Fußball. Einer meiner Onkel ist in Äthiopien, einer ist nach Israel gegangen und wir sind hier. Nur mein Vater kann nicht kommen.

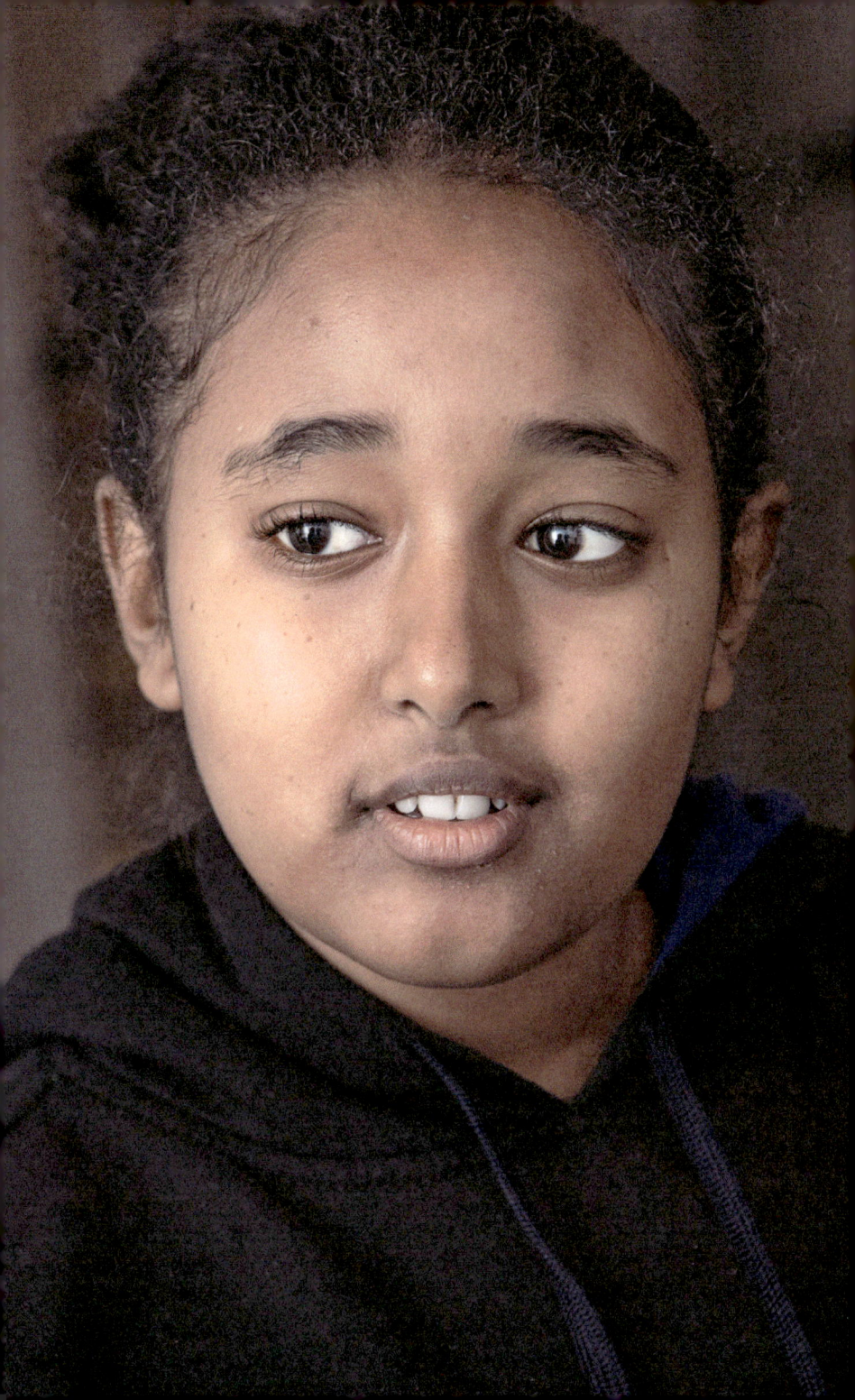

„ICH HABE SCHON FREUNDE GEFUNDEN, DIE AUCH AUS ERITREA SIND."

Sened, 12 Jahre alt, Herkunftsland: Eritrea, Bruder von Sina

Ich bin in derselben Schule wie meine Schwester. Mir gefällt es dort. Ich spreche zwar besser Englisch als Deutsch, bemühe mich aber, schnell Deutsch zu lernen. In der Vorbereitungsklasse sind wir achtzehn Schüler. Ich bin froh, dass wir hier sind. Und ich bin froh, dass wir jetzt wieder mit meiner Mutter zusammen sind. Ich habe schon Freunde gefunden, die auch aus Eritrea sind. Mit ihnen kann ich mich verständigen. Ich mag am liebsten Englisch, Sport und Mathematik. In der Schule besuche ich eine Spiele-AG und eine Judo-AG. Da muss man nicht so viel sprechen.

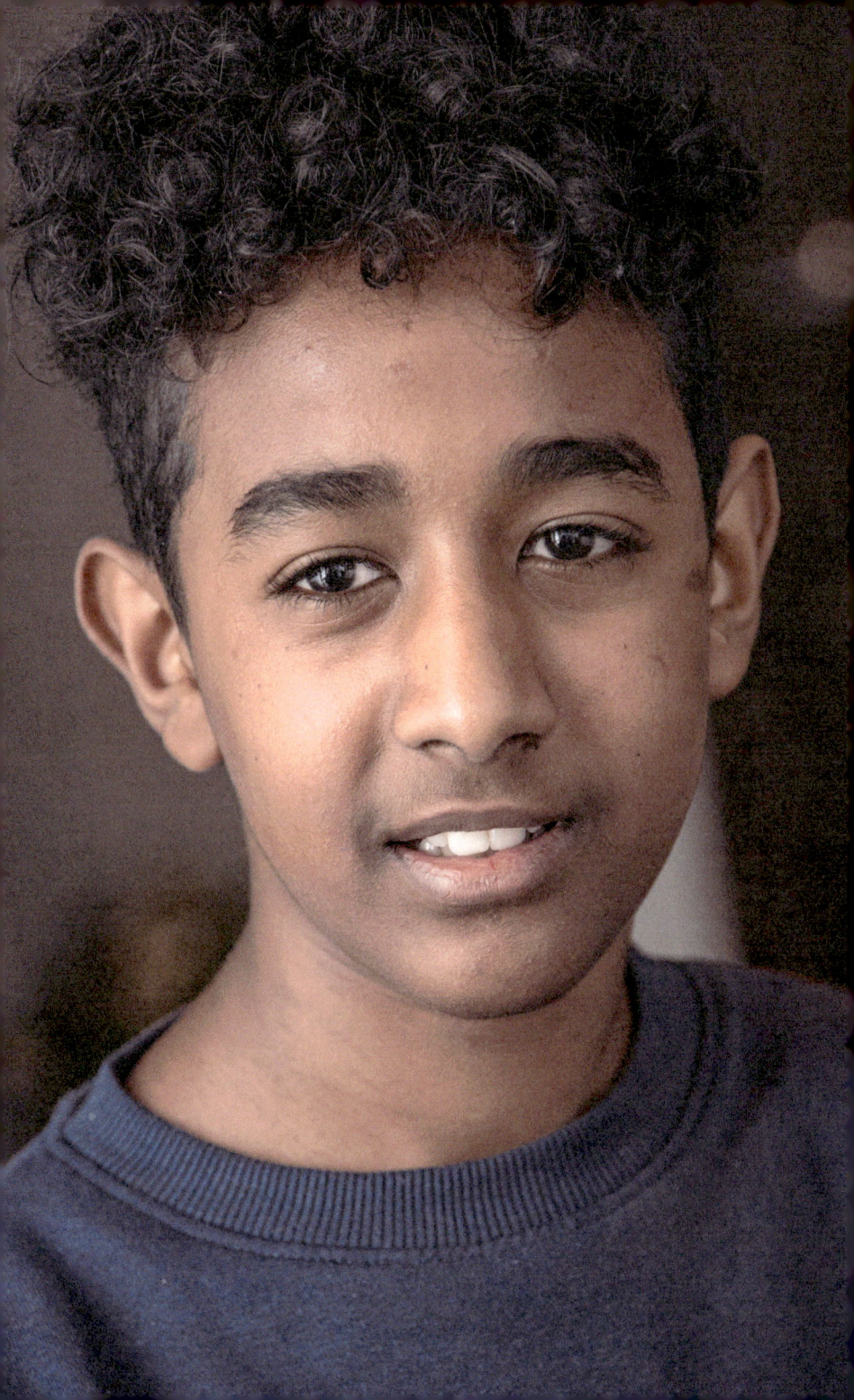

„SCHÖN IST, DASS HIER KEIN KRIEG IST, TRAURIG IST, DASS NICHT UNSERE GANZE FAMILIE HIER LEBEN KANN."

Mohamed, 18 Jahre alt, Herkunftsland: Syrien

Ich bin seit vier Jahren hier in Deutschland, habe am Anfang ein Jahr lang einen Deutschkurs besucht. Ich habe vor kurzem meinen Abschluss in der Schule gemacht und möchte Friseur werden. Ich mache zurzeit ein Praktikum bei einem Friseur. Leider kann ich meine Ausbildung dort nicht beginnen, da mein Chef keinen Meistertitel hat. Ich bin also auf der Suche nach einem Ausbildungsplatz. Mein Chef hilft mir dabei.

Ich komme aus Damaskus. Vor meinen Augen ist alles zerstört worden, unser Haus, einfach alles. Ich mag nicht mehr daran denken. Ich bin mit meinem Vater gekommen. Meine Mutter ist gestorben, als ich ein Jahr in Deutschland war. Ich habe sechs Geschwister. Mein großer Bruder lebt in Frankfurt, die anderen sind in Syrien. Sie können nicht hierherkommen, es ist zu teuer. Wir sind aber in Kontakt. Mir gefällt es hier und auch nicht. Schön ist, dass hier kein Krieg ist, traurig ist, dass nicht unsere ganze Familie hier leben kann.

Ich habe hier schon viele, viele Freunde gefunden, aber meine Familie fehlt mir.

„SOLDATEN HABEN UNS UNSER HAUS WEGGENOMMEN, WIR MUSSTEN SEHR OFT UMZIEHEN."

Sedra, 13 Jahre alt, Herkunftsland: Syrien

Ich bin seit fünf Jahren in Deutschland. Ich habe von meinen Mitschülern schnell Deutsch gelernt. Es ist mir nicht schwer gefallen. Ich ging zuerst in die Grundschule, jetzt besuche ich das Gymnasium. Dort gefällt es mir sehr gut. Ich nehme an einer Musical-AG teil. Später möchte ich Augenärztin werden, das finde ich einen schönen Beruf. Ich habe auch schnell Freunde gefunden, deutsche und syrische. Ich zeichne sehr gern und schreibe gern Kalligraphie. Das habe ich von einer Nachbarin gelernt. Wir wohnten nämlich am Anfang in Bayern auf einem kleinen Dorf an der Grenze zu Österreich. Da wir die einzigen Geflüchteten waren, mussten wir schnell Deutsch lernen. Die Leute dort waren sehr nett und freundlich zu uns und haben uns in allem geholfen. In Wuppertal sind wir erst seit eineinhalb Jahren. Wir wollten dorthin, weil dort schon Verwandte und Freunde waren. Aber in Bayern hat es uns sehr gefallen. Wir haben auch noch Kontakt zu den Leuten dort.

Ich erinnere mich, dass in Syrien auf unserem Schulweg Bomben gefallen sind. Wir horchten schon immer, ob welche im Anflug waren. Wir haben so viele Tote auf der Straße gesehen! Auch unsere Schule wurde getroffen, viele Kinder starben. Es gab dann wochenlang kein Essen in der Schule. Soldaten haben uns unser Haus weggenommen, wir mussten sehr oft umziehen. Vier Jahre haben wir im Krieg gelebt, erst dann sind wir weg gegangen. Unsere Verwandten sind überall auf der Welt verstreut. Es war sehr schwer, sich von ihnen und den Freunden zu trennen, aber es war notwendig wegen dem Krieg.

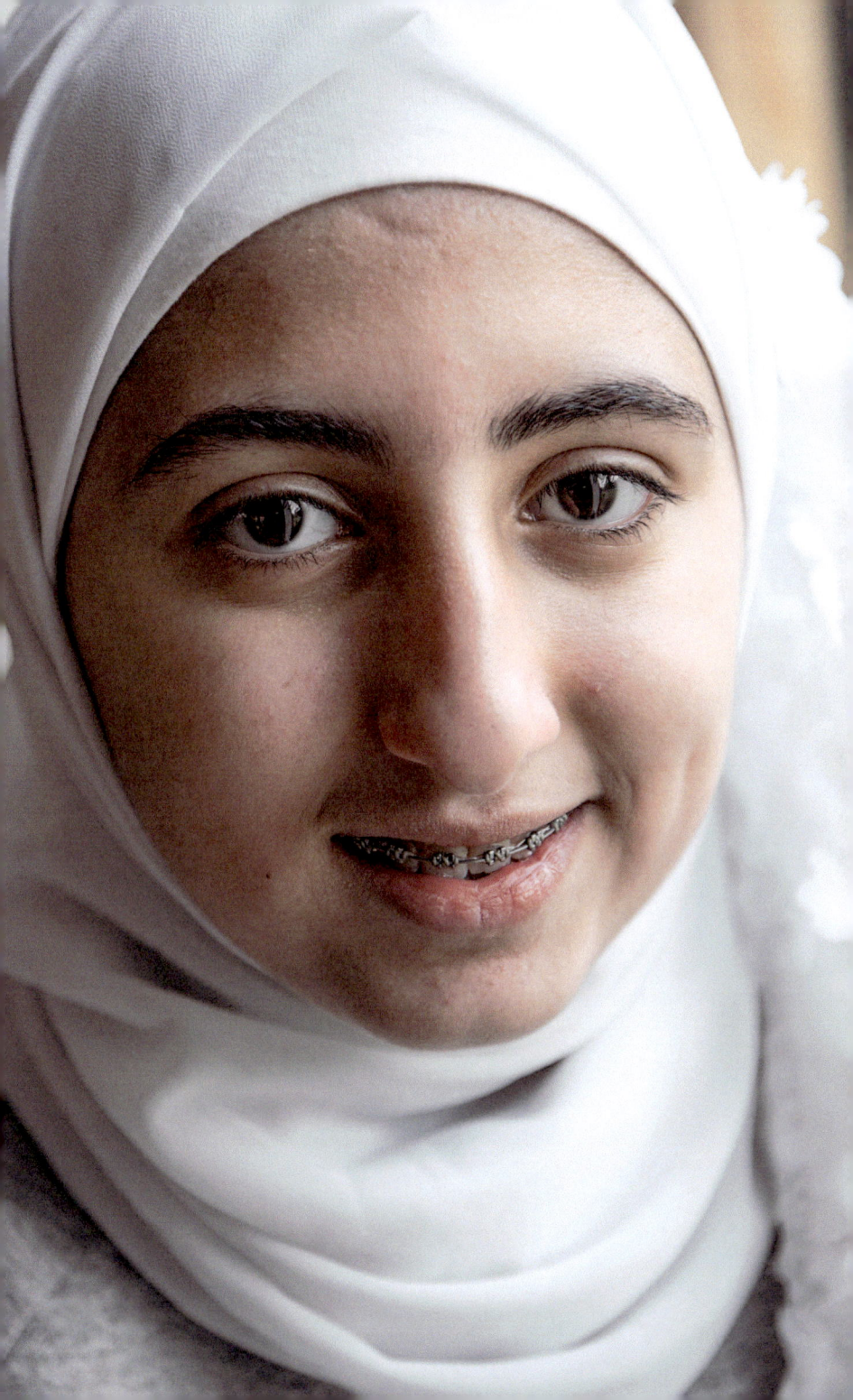

„ICH MAG DAS DEUTSCHE ESSEN NICHT SO, NUR LEBERKÄSE."

Rouaa, 18 Jahre alt, Herkunftsland: Syrien, Schwester von Sedra

Auf unserem Weg nach Deutschland sind wir von Aleppo mit dem Auto nach Damaskus gefahren, dann mit dem Flugzeug von Damaskus nach Algerien, mit einem Lastwagen nach Tunesien und von dort aus nach Libyen mit einem Pick up, dann nach Italien und von dort aus nach Deutschland. Die Reise dauerte zehn Tage. Es war eine schwere Reise. Ich denke nicht gern daran.

Ich gehe auf dasselbe Gymnasium wie meine Schwester, allerdings besuche ich die zehnte Klasse. Ich lerne viel und gern, ich habe in allen Fächern eine Eins. Später möchte ich Ingenieurin werden. Ich habe nicht viel Zeit, mich außerhalb der Schule zu verabreden. Ich komme erst um sechzehn Uhr nach Hause. Dann lerne ich.

Ich nehme mir immer Essen von zu Hause mit, ich mag das deutsche Essen nicht so, nur Leberkäse.

„ICH WEISS NUR, DASS WIR ÜBER ALGERIEN HIERHERGEKOMMEN SIND."

Mohamed, 12 Jahre alt, Herkunftsland: Syrien

Wir sind dreieinhalb Jahre hier in Deutschland. In der dritten Klasse habe ich die Vorbereitungsklasse besucht. Ich habe schnell Deutsch gelernt, innerhalb eines Jahres. Ich habe auch schnell arabische und deutsche Freunde gefunden und auch deshalb so schnell Deutsch gelernt, weil wir uns immer auf Deutsch unterhalten haben.

Ich gehe auf ein Ganztagesgymnasium. Meine Lieblingsfächer sind Mathematik und Deutsch. Ich mache auch gern Sport, am liebsten spiele ich Fußball.

Ich erinnere mich nicht an Syrien, ich war damals drei Jahre alt. Wir sind alle zusammen nach Deutschland gekommen, die ganze Familie. Ich weiß nur, dass wir über Algerien hierhergekommen sind. Meine Tante ist noch in Syrien, mein Onkel ist in der Türkei, mein anderer Onkel lebt in einer anderen Stadt in Deutschland, zwischen Bremen und Hannover. Manchmal besuchen wir meinen Onkel oder er besucht uns.

Mir gefällt hier, dass wir in der Schule viel lernen und später einen guten Beruf ergreifen können. Ich möchte später entweder Arzt oder Fußballspieler werden.

Ich spiele im Verein, trainiere zweimal die Woche. Freitags gehe ich mit meinen Freunden raus. Am Wochenende muss ich lernen.

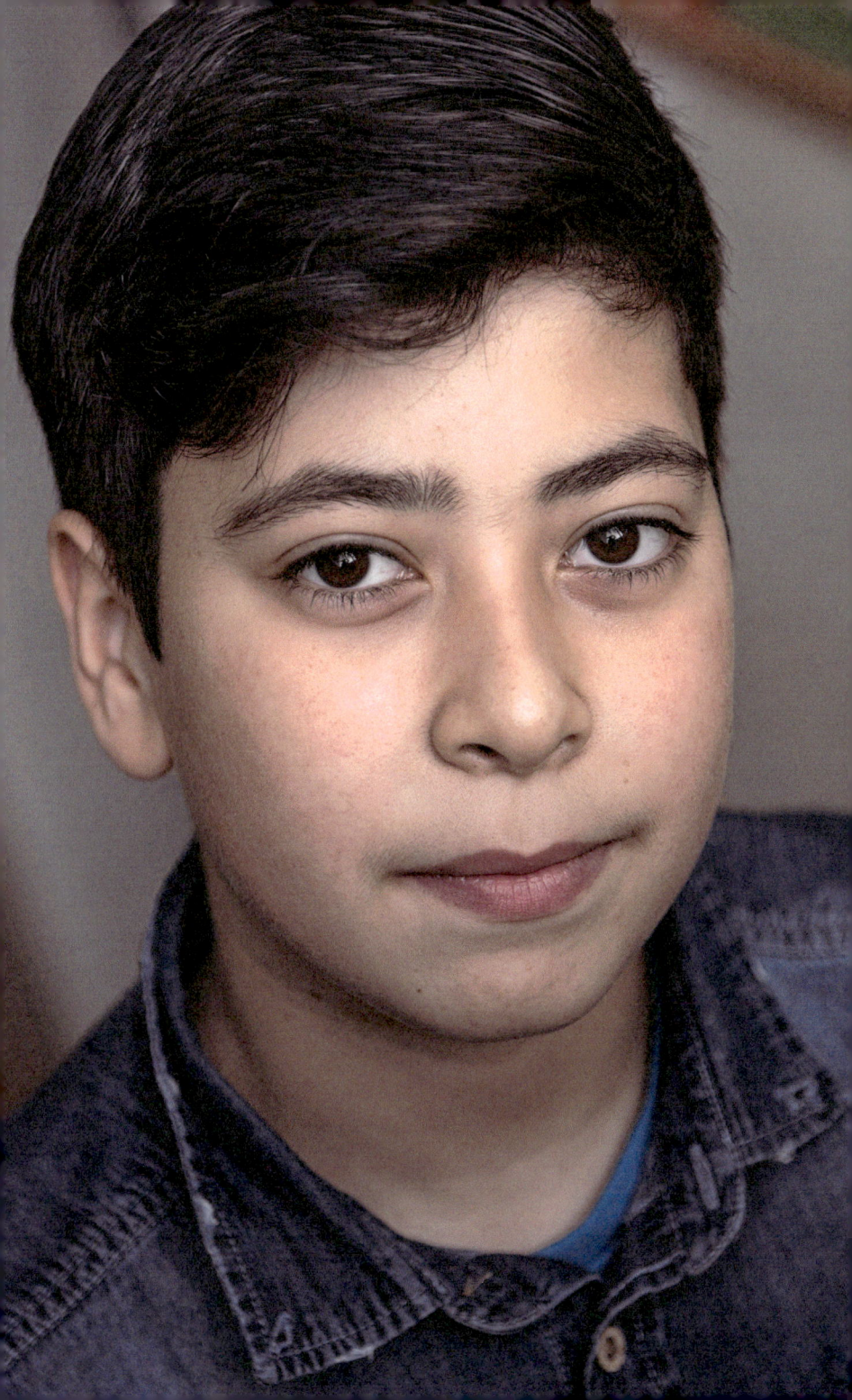

„EIGENTLICH KANN ICH FÜNF SPRACHEN: LATEINISCH, FRANZÖSISCH, ENGLISCH, ARABISCH UND DEUTSCH."

Raouane, 14 Jahre alt, Herkunftsland: Syrien, Schwester von Mohamed

Ich besuche die Gesamtschule und habe dort schon viele Freunde gefunden. Zuerst habe ich die Vorbereitungsklasse für Deutsch besucht. Das hat Spaß gemacht. Meine Lehrerin hat mich dann für die Gesamtschule empfohlen. In meiner Freizeit lerne ich für die Schule und mache gern Spiele auf dem Handy. Ich treffe mich auch manchmal mit meinem Freunden, Mädchen und Jungen. Dann gehen wir in die Stadt.

Ich erinnere mich nicht an Syrien. Ich war damals fünf Jahre alt. Ich bin froh, dass ich mich nicht erinnern kann. Ich mag arabisches und deutsches Essen. Am liebsten esse ich Pommes.

Zu Hause sprechen wir mit den Eltern Arabisch, mit meinen Schwestern und meinem Bruder spreche ich Deutsch. Ich habe noch drei Schwestern. Eine ist sieben Jahre, eine acht und eine ist fast zwei Jahre alt. Außerdem habe ich noch einen Bruder. Meine Eltern wollen, dass wir beide Sprachen schreiben, sprechen und lesen können. Das ist gut. Eigentlich kann ich fünf Sprachen: Lateinisch, Französisch, Englisch, Arabisch und Deutsch.

„WIR HABEN VIEL HILFE HIER ERHALTEN UND DAS IST SEHR GUT."

Nour, 12 Jahre alt, Herkunftsland: Syrien

Ich bin vier Jahre und einen Monat hier in Deutschland. Ich bin zuerst zwei Jahre in der Grundschule in einer Deutschklasse gewesen und habe jetzt in die Gesamtschule gewechselt. Nicht alle Schüler sind nett dort. Mein Lieblingsfach ist Mathematik wegen der netten Lehrerin, die wir haben. Wir haben eine gute Hausaufgabenbetreuung. Ich bin in der Bastel-AG, sie wird von einer Schülerin aus der achten Klasse geleitet.

Wir hatten ein schönes Leben in Syrien, sind dann in den Libanon gezogen. Dort lebten wir drei Jahre. Da hat es mir nicht gefallen, die Unterkünfte waren nicht schön. Wir sind in die Türkei geflogen und haben dort einen Monat gelebt. Von dort aus sind wir mit einem kleinen Schlauchboot weiter übers Meer. Ich hatte große Angst auf dem Meer! Dann sind wir in Griechenland angekommen. Von dort aus haben wir viele Länder besucht und sind dann nach Deutschland gekommen. Ich bin mit meiner Mutter und meinem Bruder gekommen. Mein Vater war schon zwei Jahre hier in Deutschland. Er hat uns vorher viel über Deutschland erzählt. Wir haben viel Hilfe hier erhalten und das ist sehr gut. Ich lebe sehr gern in Wuppertal. Ich vermisse zwar die Freunde aus der Grundschule, habe aber auf der Gesamtschule auch schon Freunde gefunden.

Am liebsten mag ich die selbstgemachte Pizza meiner Mutter! Ich möchte später Kinderärztin werden.

„ICH MÖCHTE GERN KFZ-MECHATRONIKER WERDEN."

Mousa, 18 Jahre alt, Herkunftsland: Syrien, Bruder von Nour

Ich lebte in Syrien bis ich zehn Jahre alt war. Dann sind wir in den Libanon gezogen. Dort habe ich im Holzbereich gearbeitet, um die Familie zu ernähren. Mein Vater konnte das nicht. Danach sind wir über die Türkei und Griechenland nach Deutschland gekommen.

Wir kommen aus Aleppo. Das war vor dem Krieg eine sehr, sehr schöne Stadt!

Ich habe ein Jahr lang eine Vorbereitungsklasse besucht, dann ein Berufskolleg und mache jetzt die zehnte Klasse. Ich möchte gern KFZ-Mechatroniker werden.

Ich habe deutsche, italienische und syrische Freunde. Wir verbringen viel Zeit miteinander, spielen Fussball oder chillen zusammen. Ich gehe regelmäßig trainieren und muss meine Ernährung danach ausrichten. Leider habe ich bis jetzt kein Praktikum in einem KFZ-Betrieb erhalten. Aber das kommt sicher noch.

„ICH MÖCHTE SPÄTER GERN WIEDER IN SYRIEN LEBEN UND ARBEITEN – WENN DORT KEIN KRIEG MEHR HERRSCHT."

Asmaa, 16 Jahre alt, Herkunftsland: Syrien

Ich komme aus Aleppo, ich war bis zur siebten Klasse dort. Es hat mir dort sehr gefallen! Wir wohnten mitten in der Stadt, haben mit unseren Verwandten zusammen gewohnt, andere Verwandte wohnten in derselben Straße wie wir. Das war schön. Die Stadt war vor dem Krieg sehr lebendig, die Geschäfte hatten bis in die Nacht geöffnet, es war immer Leben und Trubel. Ich hatte viele Freunde dort. Mein Vater hatte eine Weberei in Aleppo.

Ich bin mit meiner Mutter und meinen Geschwistern gekommen, mein Vater war schon zwei Jahre vorher hier. Eine Schwester von mir lebt noch in Aleppo, sie ist verheiratet und hat Kinder. Sie kann momentan nicht kommen, ihre Kinder sind klein und ihr Mann ist Soldat. Meine andere Schwester lebt mit ihrem Mann in Istanbul, auch meine Tante lebt und arbeitet dort. Viele Freunde unserer Familie sind in andere europäische Länder gegangen.

Anfangs haben wir zwei Jahre in Worms gewohnt. Dort hat es mir sehr gefallen und ich vermisse meine Schulfreunde aus Worms sehr. Auch die Lehrer. Ich bin erst seit dem Sommer hier in Wuppertal, besuche die zehnte Klasse. Ich kenne noch nicht so viele Leute hier. Ich möchte gern Abitur machen. Was ich dann studiere, weiß ich noch nicht. Ich habe noch Zeit. Ich möchte später gern wieder in Syrien leben und arbeiten – wenn dort kein Krieg mehr herrscht.

„ICH GEHE HIER ZUR GRUNDSCHULE. ICH GEHE GERN HIN."

Hirauv, 6 Jahre alt, Herkunftsland: Afghanistan

Ich bin seit eineinhalb Jahren in Deutschland. Ich bin mit meiner Mama und meinen Geschwistern hier, mit einem Bruder und einer Schwester. Mein Papa ist nicht hier. Ich gehe hier zur Grundschule. Ich gehe gern hin.

Mein Lieblingsfach ist Malen. Ich habe vergessen, wie es bei uns zu Hause ausgesehen hat.

Hier gefällt es mir. Ich esse gern Pizza, Nudeln, Kartoffeln und Reis. Ich habe zwei sehr gute Freundinnen. Die kommen auch zu mir nach Hause. Dann malen wir Barbies. Aber ich habe auch noch andere Freunde.

„MEINE MAMA KANN KEIN DEUTSCH. ICH VERSUCHE, IHR ZU ÜBERSETZEN."

Shahzada, 6 Jahre alt, Herkunftsland: Afghanistan

Ich bin seit eineinhalb Jahren hier in Deutschland. Zu Hause war Feuer und Rauch, deshalb mussten wir gehen. Wir sind mit dem Flugzeug gekommen. Ich gehe gern zur Schule. Ich lerne die einzelnen Buchstaben des Alphabets. Das macht mir Spaß. Ich mag die Spiele, die wir in der Pause machen. Und ich liebe Süßigkeiten. Meine Mama kann kein Deutsch. Ich versuche, ihr zu übersetzen. Aber das klappt nicht immer gut. Ich bin gern hier und habe schon Freunde in der Schule gefunden.

„AN MANCHEN TAGEN WUSSTEN WIR NICHT, WOHIN, WIR MUSSTEN ZEITWEISE AUF DER STRASSE LEBEN."

Khalaf, 19 Jahre alt, Herkunftsland: Irak

Ich bin seit viereinhalb Jahren in Deutschland. Meine Familie ist auch hier. Ich mache jetzt nach abgeschlossener Fachoberschulreife eine Ausbildung zum Gesundheits- und Krankenpfleger. Mich interessiert der menschliche Körper. Durch mehrere Theaterprojekte, an denen ich teilgenommen habe, ist bei mir der Wunsch entstanden, Schauspieler zu werden. Ich möchte aber dem Staat auf keinen Fall auf der Tasche liegen, deshalb werde ich erst meine Ausbildung beenden und mich danach um meinen Traumberuf kümmern.

Meine Flucht aus dem Irak ist eine lange Geschichte, die ich nicht so gern erzähle. Wir waren insgesamt 38 Tage unterwegs. Ich schreibe gerade ein Buch über jeden Tag meiner Flucht, vom 2. Mai 2015 bis 10. Juni 2015. Alles, was ich erlebt habe, kommt darin vor.

Im Irak habe ich keine Normalität erlebt. Als Kind ist es nicht schön, so aufzuwachsen. Da mein Vater gelähmt ist, musste ich früh arbeiten gehen, mit sieben Jahren. Den Krieg erleben zu müssen, war eine schreckliche Zeit für mich. An manchen Tagen wussten wir nicht, wohin, wir mussten zeitweise auf der Straße leben. Ich erinnere mich nicht gern daran.

Die ersten zwei Monate fühlte ich mich in Deutschland allein. Ich konnte die Sprache noch nicht, hatte keine Freunde, ich konnte nicht raus, ich wollte zurück. Alles kam mir wie ein schwarzer Vorhang vor. Als ich mit der Schule angefangen hatte, habe ich schnell Freunde gefunden. Jetzt fühle ich mich sehr wohl hier. In meiner Freizeit spiele ich entweder Theater oder mache Sport. Ich möchte unbedingt hier bleiben.

„WIR HATTEN EINEN RAUM, ZWEI METER MAL ZWEI METER, FÜR 300 DOLLAR IM MONAT."

Akram, 23 Jahre alt, Herkunftsland: Syrien

Ich kam mit meiner Familie, mit meinen Eltern, meinem kleinen Bruder, meiner Oma, meinen fünf Onkeln und meiner Tante durch ein Projekt der UN nach Deutschland. Meine Oma sagte der Organisation: Entweder alle oder keiner, und das wurde akzeptiert. Die Aussuchkriterien waren: politisch Verfolgte und Leute, die sehr arm waren und auf der Straße lebten. Mein Onkel und ich waren beide politisch verfolgt. Ich lebte mit meiner Mutter, meinem Vater und meinem Bruder fast auf der Straße. Wir hatten einen Raum, zwei Meter mal zwei Meter, für 300 Dollar im Monat. Darin haben wir zwei Jahre gelebt. Als ich einmal von der Arbeit nach Hause kam, sagte mir meine Mutter, wir könnten nach Deutschland ausreisen, die UN hätte angerufen. Sechs Monaten später bekamen wir um Mitternacht einen Anruf: Herzlich willkommen, sie dürfen nach Deutschland ausreisen. Ab dem Zeitpunkt begann mein Leben. Alles, was ich davor erlebt habe, war einfach nur grausam.

Als ich nach Deutschland kam, wurde ich psychisch krank. Ich verbrachte ein paar Jahre im Krankenhaus, ich habe gestottert ohne Ende, vor allem, wenn ich arabisch sprach. Irgendwann bin ich an einen sehr guten Arzt geraten, der eine genetische Untersuchung veranlasst hat. Ich habe Mittelmeerfieber. Das ist nicht behandelbar, ich muss mit der Krankheit leben. Ich möchte gern Physiotherapeut werden und mache gerade meinen Realschulabschluss. Ich werde zuerst eine Ausbildung zum Masseur machen. Als Kind habe ich mir immer gewünscht, Präsident von Syrien zu werden!

„WIR HABEN UNS AM FLUGHAFEN GETROFFEN UND WAREN FROH, DASS WIR ALLE WIEDER ZUSAMMEN WAREN!"

Mohamed, 11 Jahre alt, Herkunftsland: Syrien

Meine Mutter, meine zwei Brüder und meine kleine Schwester, wir haben uns gemeinsam auf den Weg nach Deutschland gemacht. Mein Vater und mein älterer Bruder sind ein halbes Jahr früher geflohen. Wir haben zuerst übergangsweise in einem Haus im Libanon gewohnt. Dann haben wir gehört, dass wir beobachtet werden, sind zurück nach Syrien und wollten von dort aus in die Türkei. Als wir auf dem Weg waren, war es dunkel, wir konnten nichts sehen, unsere Mutter hat uns abwechselnd getragen, wir sind aber trotzdem weitergegangen. Meine Mutter hat dann einen Mann dafür bezahlt, dass er meine kleine Schwester trägt. Dann wurden wir von Hügeln aus beschossen, der Mann setzte meine Schwester ab und machte sich aus dem Staub. Wir konnten also nicht weitergehen und gingen zurück.

Wir gingen einen Berg hoch, gingen immer weiter. Irgendwann sind wir dort angekommen, wo wir hin wollten. Wo das war, weiß ich nicht. Dann sind wir mit dem Flugzeug nach Deutschland gekommen. Nach Wuppertal. Wir sind jetzt vier Jahre hier. Mein Vater hatte schon eine kleine Wohnung für uns gefunden. Er war ein halbes Jahr vor uns mit meinem ältesten Bruder geflohen. Wir haben uns am Flughafen getroffen und waren froh, dass wir alle wieder zusammen waren!

Wir kamen gleich in die Schule. Ich habe arabische und deutsche Freunde. Wir sprechen besser Deutsch als Arabisch. Meine Eltern reden besser arabisch. Ich gehe Fußball spielen, mit meinem Bruder zum Kickboxen und Schwimmen. Jetzt haben wir eine größere Wohnung und sogar einen Garten.

„WIR HABEN UNS VERSTECKT, SIE HABEN UNS ABER GEFUNDEN."

Albaraa, 7 Jahre alt, Herkunftsland: Syrien, Bruder von Mohamed

Wir waren auf der Flucht dreimal im Gefängnis. Einmal, als wir einen Berg hoch gingen und welche geschossen haben. Wir haben uns versteckt, sie haben uns aber gefunden. Ein anderes Mal waren wir in einem Zelt, wo wir zu essen bekamen, dann in einem Bus, wo wir fotografiert wurden, ich weiß nicht, warum. Dann wurden wir wieder in ein Gefängnis gebracht. Das dritte Mal habe ich vergessen. Als wir auf unserem Weg mal Einschüsse in einer Mauer gesehen haben, bekamen wir Angst. Wir kamen dann später zu einem Haus, in dem wir wohnen durften. Es gab dort auch einen kleinen Spielplatz. Zwei Männer brachten uns immer zu essen.

Wenn ich an Syrien denke, fällt mir nur ein, dass dort alles kaputt war. Alles. Wir kommen aus einer kleinen Stadt. Ich erinnere mich sonst nicht an Syrien, aber an die Menschen, die ich vermisse. Mein Onkel ist in Syrien im Krieg gestorben. Zwei meiner Onkel leben jetzt in Norwegen, einer ist seit acht Jahren im Gefängnis, wir wissen nicht, ob er noch lebt, einer wohnt in der Türkei, einer wohnt im Libanon, viele Tanten und Onkel wohnen noch in Syrien.

„ES GAB EIN ZWEI WOCHEN ALTES BABY IM BOOT, ES WAR NACHT UND HOHER WELLENGANG."

Osaid, 12 Jahre alt, Herkunftsland: Syrien, Bruder von Mohamed und Albaraa

Wir sind vom Libanon in die Türkei geflogen. Von dort aus flohen wir und zwei Onkel von mir mit dem Boot. Es gab ein zwei Wochen altes Baby im Boot, es war Nacht und hoher Wellengang. Mein Vater meinte, falls wir untergehen würden, würde er versuchen, das kleine Baby zu retten. Wir anderen hatten Rettungsringe. Wir sind Gott sei dank alle an Land gekommen. Mein Vater hat das Boot mit seinem Messer aufgeschlitzt, so dass wir nicht mehr zurückgebracht werden konnten. Unsere nächste Station war Mazedonien. Von dort aus konnten wir nicht weiter nach Deutschland. Deshalb fuhren wir mit dem Zug nach Ungarn, danach nach München, dann nach Chemnitz und schließlich nach Wuppertal. Dort hatten wir Freunde. Ein Mann, dem mein Vater viel Geld bezahlen musste, fand eine Wohnung für uns. Mein Vater ist von Beruf Koch und arbeitet hier in der Organisation „Weiße Herzen". Einmal in der Woche kochen sie für Obdachlose. Ich habe schnell Freunde gefunden, aber ich durfte nicht in die erste Klasse, weil ich zu groß war. Als meine Brüder ein halbes Jahr später mit meiner Mutter nachkamen, durfte mein jüngerer Bruder vor mir die Schule besuchen. Ich kam zuerst in eine Vorbereitungsklasse. Inzwischen besuche ich die Gesamtschule hier. In Syrien geht man nur ein paar Stunden in die Schule wegen Krieg. Es ist toll, dass wir hier jeden Tag in die Schule gehen dürfen. Ich gehe gern zur Schule. Meine Lieblingsfächer sind Mathe und Deutsch. Jeden Samstag gehen wir schwimmen, Montag und Donnerstag gehen wir kickboxen. Dienstag habe ich Fußballtraining.

„ICH MUSS SCHNELL DEUTSCH LERNEN, SONST FINDE ICH KEINE FREUNDE HIER."

Mohamed, 16 Jahre alt, Herkunftsland: Syrien

Ich erinnere mich nicht an Syrien, ich war elf Jahre alt, als wir weg gingen. Meine Familie ist schon vor mir nach Deutschland gekommen. Ich blieb vier Jahre lang mit meiner Oma und meinem Opa in der Türkei und habe dort die Schule besucht. Ich hatte dort auch Freunde. Ich habe darauf gewartet, dass meine Familie mich nachholt. Das war eine lange Zeit. Mein Opa ging nach zwei Jahren zurück nach Syrien – so lange hatte er ein Visum – meine Oma blieb bei mir. Meine Familie hat sich bemüht, mich nachzuholen. Einem Politiker aus Wuppertal haben wir es zu verdanken, dass ich jetzt hier bin. Er hat sich sehr für meinen Nachzug eingesetzt. Meine Oma ist wieder zurück nach Syrien gereist. Jetzt bin ich seit acht Monaten hier und besuche eine Vorbereitungsklasse für Deutsch. Meine Familie spricht schon sehr gut Deutsch, ich nicht. Sie arbeiten und haben nicht viel Zeit, sich um mich zu kümmern. Ich muss schnell Deutsch lernen, sonst finde ich keine Freunde hier. Auch die arabischen Mitschüler sprechen alle Deutsch. Bis jetzt bin ich noch etwas schüchtern. Ich höre gern Musik und freue mich, dass ich hier in Deutschland bei meiner Familie bin. Am Wochenende treffe ich mich mit einem Freund, den ich gefunden habe. Ich möchte gern KFZ-Mechatroniker werden.

1 EURO SPENDE PRO VERKAUFTEM EXEMPLAR

Pro verkauftem Exemplar wird 1 Euro an die Willkommensinitiative „Willkommen in der Moselstraße" = WikoMo gespendet.

Zu den Gründern der Willkommensinitiative gehört die Lutherkirche in der Kölner Südstadt. Sie wird ausschließlich von ehrenamtlichen Helfern geführt und bietet eine Hausaufgabenbetreuung für Kinder und Jugendliche an, hilft bei Ämtergängen, dem Ausfüllen von Formularen und bei sonstigen Problemen.

Immer montagabends bietet die Initiative an der Kartäuserkirche allen, die kommen wollen, einen Raum zum Reden, Hausaufgaben machen, Übersetzen, Kennenlernen und Spielen mit Kindern. Jeder ist willkommen und jeder kann auch helfen.

Als Verköstigung werden Leckereien aus Spenden der Bäckerei Bastians angeboten.